从品牌到品牌力

许英豪◎著

中国财富出版社

图书在版编目（CIP）数据
从品牌到品牌力 / 许英豪著．—北京：中国财富出版社，2014.12
ISBN 978-7-5047-5448-6

Ⅰ.①从… Ⅱ.①许… Ⅲ.①企业管理—品牌战略—研究 Ⅳ.①F272.3

中国版本图书馆CIP数据核字（2014）第250522号

策划编辑 丰　虹　　**责任印制** 方朋远
责任编辑 丰　虹　　**责任校对** 杨小静

出版发行 中国财富出版社
社　　址 北京市丰台区南四环西路188号5区20楼　**邮政编码** 100070
电　　话 010-52227568（发行部）　010-52227588转307（总编室）
010-68589540（读者服务部）　010-52227588转305（质检部）
网　　址 http://www.cfpress.com.cn
经　　销 新华书店
印　　刷 北京京都六环印刷厂
书　　号 ISBN 978-7-5047-5448-6/F·2265
开　　本 710mm×1000mm　1/16　**版　　次** 2014年12月第1版
印　　张 12　**印　　次** 2014年12月第1次印刷
字　　数 209千字　**定　　价** 32.00元

推荐序

与作者的相识始于21世纪初，那时候的他年纪尚轻，就已经在品牌领域耕耘多时，从业经验丰富，并在实战中形成很多有见地的观点。经过这十几年的成长，应该说作者已经成为一名资深的品牌工作者与研究者，并在此领域已颇有建树。

这是一个全新的高速发展的时代，是一个商家不断追逐消费者、满足消费者、拴住消费者的时代，品牌成为决定企业成败的关键要素。这是一个品牌经济的时代，经济发展的方方面面都已离不开品牌的发展。特别是网络经济赋予品牌新的内涵和功能，创新品牌形象和经营模式已成为企业赢得市场的重大选择。在这一新形势下，要想在纷繁复杂的观点中理出脉络并建立起既具有较强的实操性、又具有一定理论性的分析框架，实属不易。

该书通过对营造品牌更深层次的研究，提出了品牌力的概念，并结合案例将品牌战略与战术巧妙展开。对品牌力塑造之法的层层剖析，内容可谓充实精彩。如谈到品牌价值的营造跳开了以前为谈价值而谈价值的桎梏，而是从一个价值链的打造到价值网的打造，把品牌价值的溢价能力表达得非常清晰。再比如作者认为品牌力是对资源的吸引力、驾驭力、利用力，考虑的因素有天时（时势）、地利（资源）、人和（文化）、大道（价值）、法度（体制制度）、规律（通变、模式），只有这些充分优化，符合主流文化和亚文化发展的经济趋势，才可为品牌力的形成等表述，有许多独到的见解。

我相信，通过对该书的熟读与实践运用，有利于广大品牌工作者更好地驾驭品牌，塑造品牌，推动企业更好地发展。不得不说这是一本有特色的实战型教案，值得在品牌领域的实际工作者一读！在这里，本人对该书做一些个人的意见点评与推荐，以表对作者的祝贺。

郑勇军

2014年9月

（郑勇军，浙江现代商贸发展研究院院长、教育部人文社科重点研究基地浙江工商大学现代商贸发展研究中心主任、商务部内贸专家）

前　言

不可小觑的力量——品牌力

当下自媒体的时代，那些一知半解的理论，那些伪科学的道理，那些偏颇的警示，我们每天都需要擦亮眼睛去甄别，那些用信息堆积的知识，绝不是智慧，真正的智慧一定是经过验证的真理。这些甄别耗费了我们大量的精力和智慧，还有时间。我们需要静下心来重新审视这个纷杂世界里有用的科学道理。去伪存真，把我们以为了然的每个节点的知识，串成系统的教育，才能成就品牌，成就品牌力。

对于品牌，每个经营者，或多或少都有自己的认知，但一定是节点型的，有人可能对产品的创新有研究，有人可能对管理有见解，有人可能对活动较擅长，这些节点型的片段，是我们打下一片天地的法宝，但最终对形成品牌溢价能力、品牌资源整合能力、品牌资产张力路径还是一头雾水，因为这需要一个系统，这个系统就是从“品牌到品牌力”的精髓。

在品牌力的建设过程中，关于品牌力，人们一直都存在一些误区，其实客户体验才是王道！品牌力是一个从心理学角度提出的概念，强调的是在大众消费品市场上，对消费者需求的把握和观念的竞争。

品牌力是知名度、美誉度和诚信度的有机统一，消费者一旦对某个品牌形成概念，就会对其购买决策造成一定的影响。如果想提高企业的成就，就要重视品牌力的巨大作用。

可是，品牌力基本上是由品牌商品、品牌文化、品牌传播和品牌延伸四要素协同作用构成的。一个品牌要想在激烈的市场竞争中脱颖而出，占据消费者的心智，不仅要提高品牌商品的商品力，还要树立有助于强化品牌个性的品牌文化；不仅要实施有效的品牌传播，还要进行正确的品牌延伸。

品牌的成长之路，起源于具体产品的成功。在这一阶段，品牌是依附在产品身上的。逐渐地，消费者就会认同产品功效和品质等特点，简洁地集中到品牌上，形成一个品牌概念。当成功产品带出成功品牌之后，品牌的力量就显示出来了。一旦经营者将成功品牌恰当地应用到其他类别的产品上，品牌就与原来的产品相对独立开来，品牌的概念就会对具体的产品销售产生巨大的推动作用。

品牌力是最强势的国际品牌才具有的品质。为了适用同一市场上不同消费群的偏好，品牌必须对各个消费群发送略有差别的信息，必须根据不同市场采取不同的营销方式。品牌力的提升，肯定会对其收益率带来一定影响。品牌营销的模式多种多样，只有懂得借鉴、创建成功模式，分析营销形势，采用系统的、完善的方法，才能强化品牌力。

以下词汇是本书讲述的品牌力的核心概念：

时势：企业对于市场环境的理解，对于竞争的理解。

资源：品牌用什么资源优势可以持久作战，可以凸显特色，进行错位营销的胜利。

人文：企业文化、团队建设，只有具备文化信念的团队才具备如臂使指的能力。

道：只有具备“道”的品牌，才是有生命力的品牌。

法：一切的内在的东西，需要通过外在来显示，相由心生。

自然：事物的发展规律，有成就的品牌一定是遵从了品牌的发展规律。

品牌的形成需要一个系统。

作　者

2014 年 9 月

目录

CONTENTS

第一章　品牌的最高境界——带着理性进来，携着感性出去　/　1

什么是品牌和品牌力　/　3

品牌力是强势品牌的特有品质　/　5

打造品牌力的四要素　/　6

品牌力建设过程中存在的误区　/　11

第二章　客户体验是王道——让人感觉到舒服，感觉到快乐　/　19

洞察客户心理是制胜法宝　/　21

了解顾客，弄清楚到底谁埋单　/　22

了解客户的消费心理需求　/　25

提升客户体验的三种力　/　40

第三章　定位就是定人心——无品不立，非特不远　/　49

做广告的日的　/　51

代言人与产品精神要匹配　/　52

从战略的角度思考品牌定位　/　54

与众不同，品牌命名及 CI 设计的艺术　/　60

CI 设计的差异性、同一性与稳定性　/　65

让人记住品牌的原则　/　72

第四章　性价比——品牌力的始点和终点　/　77

工欲善其事，必先利其器　/　79

高性价比 + 高体验 = 品牌号召力　/　79

产品质量和性价比决定了品牌发展 / 82
给客户一个忠诚的理由，给品牌一个溢价的空间 / 86

第五章 品牌的一半是文化——品牌的情感及文化内涵 / 91
品牌力依托于品牌文化 / 93
品牌如人，情感可以维系品牌忠诚 / 99
品牌情感及文化建设的四项注意 / 106

第六章 品牌是运营出来的——经营品牌，而非单单经营产品 / 109
质量重要，但品牌创建不仅仅依靠质量 / 111
常改常新，尽善尽美——宝洁公司的品牌道路 / 113
多点造势，彰示品牌领导地位 / 118
从价值链到价值网 / 127

第七章 赢在最后一公里——售后服务对品牌形象的再传播 / 131
商无信不兴 / 133
亮出“101%服务品牌” / 134
把服务做到品牌化 / 136
创造基于顾客忠诚的服务体系 / 140

第八章 口碑传播——品牌的终极目标 / 145
口碑就是一切 / 147
善待“意见领袖”，让他成为最好的口碑传播者 / 149
完善品牌的每一个细节 / 152
搭建通道，让好口碑畅通无阻 / 154

第九章 品牌资产——品牌力的终极目标 / 161
品牌力的形成，你需要一个系统 / 163
品牌资产——吸引人力资源 / 163
品牌资产——产品溢价能力 / 165
品牌资产——品牌价值评估 / 168

品牌资产——品牌融资能力 / 174
品牌资产——市场再造能力 / 175

后记 从品牌到品牌力 / 179

第一章 品牌的最高境界

——带着理性进来，携着感性出去

我们经常思考，什么是品牌。朋友借钱了，深知他哭着撑着也要在答应的时间把钱还了，虽然太了解情形的我们都要死心，但他做了；承诺了朋友的事，苦着累着也要把它办成，虽然非常知道过程的他也已经绝望，但我们做了。这种了解，这种反复，就是品牌烙印。一个企业，也需要如此了解消费者，让消费者知道你的人性光辉，久而形成品牌烙印。

每个人都有一个命运的曲线，那个曲线就是用性格和起心动念描绘的结果。每个品牌都是一条浮浮沉沉的道路，那条路就是承诺和消费体验穿越的轨迹。商品（服务）决定一个公司能不能活，模式决定公司活得怎么样，人决定公司活得是否有尊严。品牌的品格就是对人性的洞察，有没有品牌看看公司有哪些人就晓得了。

什么是品牌和品牌力

一段简单的描述，就可以把什么是品牌和品牌力讲清楚：曾经多少品牌通过央视（主要是一套标王类）振臂一呼，如潮水般涌来的品牌气息裹挟着“实力”呼啸而来，却又呼啸而去，最终消失在市场的海洋。这些不可谓不是品牌，但最终为什么消失了？因为没有品牌力。

历史上没有哪个时期像今天一样崇尚品牌，那么，究竟什么是品牌？什么是品牌力？

一、关于品牌

所谓品牌指的是，消费者对产品（服务）和产品系列的认知、体验、联想的总和，体现的是一种符号、象征、信赖。

对于制造商或经销商来说，品牌则是加在商品上的标志，由名称、名词、符号、象征、设计等部分组成，可以有效识别销售者的产品，使之与竞争对手的产品或服务区别开来。对于消费者来说，它是潜藏在心里的一种不用取舍的感受，是一种明确的消费观。真正的品牌不在销售者那里，而是在消费者心智的一角，当某一天、某件事将这心智的一角重新占领时，原来的品牌也就不复存在了。

从品牌战略开发角度来说，品牌是通过很多要素和一系列市场活动表现出来的，会形成一种形象认知度、品质认知；还是一种通过这些表现出来的客户忠诚度，是一种无形资产。

品牌的创建是一个系统工程，不仅需要激情，更离不开智慧与信念。品牌的强大取决于品牌领导能力，其中，定位是方向，平衡是方略，平衡中蕴含着定位。

品牌是企业或品牌主体一切无形资产总和的全息浓缩，是主体与客体、主体与社会、企业与消费者相互作用的产物。概括起来，具有这样几个特征。

1. 品牌是专有的品牌

品牌，主要是用来区别产品或服务的。经过法律程序的认定，品牌拥有者享有品牌的专有权，有权要求其他企业（或个人）不能仿冒和伪造。

2. 品牌是企业的无形资源

品牌拥有者可以凭借品牌的优势不断获取利益，可以利用品牌的市场开拓力、形象扩张力、资本内蓄力让自身获得不断发展，发挥出品牌的应有价值。这种价值并不能用实物形式表述出来，却可以使企业的无形资产迅速增大，可以作为商品在市场上进行交易。

我国的品牌，比如：养生堂的农夫山泉、浙江杭州的娃哈哈、山东青岛的海尔、四川绵阳的长虹集团等知名品牌的价值很高。

3. 品牌转化的风险和不确定性

在品牌的成长过程中，随着市场的不断变化、需求的不断提高，企业的品牌资本可能会壮大，也可能缩小。因此，品牌的成长之路存在一定风险。

品牌的风险来源有这样几种：产品质量出现问题，服务与产品或消费者不匹配，品牌资本盲目扩张、运作不佳……所有的这些都会提高品牌维护的难度，对企业品牌效益的评估就会出现不确定性。

4. 品牌的表象性

品牌是一种无形资产，既不具有独立的实体，也不占有空间，但它最原始的目的就是要让人们通过一个比较容易记忆的形式来记住某一产品或企业，因此品牌必须借助一定的物质载体来表现自己，使品牌形式化。

品牌的直接载体主要是：文字、图案和符号；间接载体主要有：产品质量、产品服务、知名度、美誉度、市场占有率等。没有物质载体，品牌就无法表现出来，更不可能达到品牌的整体传播效果。

5. 品牌的扩张性

品牌具有识别功能，代表着一种产品、一个企业，企业可以利用这一优点来展示品牌对市场的开拓能力，有效帮助企业不断扩张。

二、品牌力

通常来说，品牌力是由品牌商品、品牌文化、品牌传播和品牌延伸四要素协同作用的。一个品牌要想在竞争中脱颖而出，要想在消费者的心智中占有一席之地，必须具有强大的商品力，树立强大的品牌文化，实施有效的品牌传播，进行正确的品牌延伸。

其实，品牌力更多的是一个从心理学角度提出的概念。它强调，在大众消费品市场上，对消费者需求的把握和观念的竞争是品牌成功的基本战略。

一个品牌的成长之路，起源于具体产品的成功。在这一阶段，品牌是依附在产品身上的。如果一种产品能够适应消费者的需求，就能赢得市场，就能使品牌为大众所认知。时间长了，消费者就会将他们对产品功效和品质等特点的认同，简洁地集中到品牌上，形成一个品牌概念。当成功产品带出成功品牌之后，品牌的力量就显示出来了。

品牌力是强势品牌的特有品质

通常来说，强势品牌往往都具有这样一些特征：品牌个性独特、品牌形象恰当且具有吸引力、对外传递信息一致、品牌本身完整、能经受时间的考验。从这个意义上来说，品牌力是强品牌才具有的品质！因为品牌力确实需要时间来积累和优化。

可口可乐的老板曾经放出豪语："即使可口可乐全球的工厂一夜之间都被烧毁，也可以在1个月内恢复正常的生产与销售。"为什么这位老板对自己的产品这样有信心？因为很多银行都愿意为其贷款。为什么？因为"可口可乐"这四个字。看在这四个字的面子上，不仅全球的通路商会一如既往地采用"先款后货"的方式来销售其产品，消费者也会如从前一样花钱购买……"可口可乐"代表着信誉、价值和消费者想要的东西，这就是品牌的价值，这就是强势品牌的真实写照。

今天，不同年龄阶段的消费群体，个人喜好都是不一样的。为了满足同一市场上不同消费群的偏好，就要对各个消费群发送略有差别的信息。对于年轻人来说，"可口可乐"可能象征着"快乐""冒险""朝气"；而对于三十多岁的人来说，则可能代表"稍稍轻松一下"。

在不同的市场，强势品牌还会采取不同的营销方式。在美国，可口可乐是一种典型的软饮料，与自由、独立的“美国梦”之间形成了强烈的品牌联想。可是，这一市场定位却不符合英国消费者的口味，因此在英国市场上，可口可乐更多地代表着“生活愉快”“爱情幸福”。

品牌力是强势品牌的一个重要特征，如果一种产品的品牌影响力比较弱小，消费者对它的关注度也会减弱，其品牌力所造成的影响也会显得微乎其微。

品牌力的提升，肯定会对其收益率带来一定影响。要想提高自己的品牌力，就要采取独特的品牌营销模式。而要实现这一点，就要对营销形势进行必要的分析研究，形成一个系统的解决方法，不断地对强化品牌营销力的关键要求进行探求。

概括起来，要想考量品牌力，可以作如下几个思考：首先，品牌内部的相关人员是否愿意投入资源参与到这个品牌的建设中来，比如，现金、物产、长期服务协议；其次，品牌的利益相关者是否愿意耐心地对待这个品牌，让它发展得更好；最后，它很容易引起别人的注意，并且愿意尝试。

打造品牌力的四要素

一个品牌要想在竞争中脱颖而出，在消费者的心智中占有一席之地，不仅要赋予品牌商品强大的商品力，还要树立有助于强化品牌个性的品牌文化，实施有效的品牌传播，进行正确的品牌延伸。

品牌力是将无形的品牌优化为有形资源的能力。通常来说，是由四个基本要素打造的：品牌商品、品牌文化、品牌传播和品牌延伸。只有这四要素在消费者心智中协同作用，才能形成强有力的品牌力。

一、品牌商品

商品力是品牌在市场竞争中获得胜利的基础，是品牌最重要的基因，是天时、地利、人和、价值观、产品管理、市场发展规律等综合作用的结果。任何工厂生产的东西都可以叫做产品，但绝不能成为商品，要想成为商品必须具备一些要点，否则不仅流通不了，还无法成为品牌。

1. 品牌商品力

品牌商品力主要包括这样几方面：企业形象、品牌特征、产品品质、品牌产品售后状况调查、品牌产品的重大问题点和同类商品普遍性优势分析等。如下表所示。

品牌商品力

主要方面	说　明
企业形象	是企业文化建设的核心。指的是人们通过企业的各种标志，建立起来的对企业的总体印象
品牌特征	品牌是用来识别生产者或销售者所提供的产品或服务的。经过法律程序的认定，品牌拥有者享有品牌的专有权，有权要求其他企业或个人不能仿冒、伪造
产品品质	品质是产品质量，是产品的实质与内涵；品牌是产品质量的外延与形象。光有品质，没有品牌，消费者只知道产品质量好，却不知道产品的名字，也是不能在众多的产品中识别出来的
售后服务	指的是企业、经销商把产品或服务销售给消费者之后，为消费者提供的一系列服务，包括：产品介绍、送货、安装、调试、维修、技术培训、上门服务等

2. 商品力的强化

如何来强化商品力？首先，可以通过确定产品的目标消费者、产品的定位、概念等方法来强化。其次，商品的品质、外形、命名和外包装都要体现出“概念”，让消费者感受到产品能够给自己带来哪些好处、能够给自己提供哪些服务，要真正做到以消费者为中心。

3. 品牌的商品力构成

在激烈的市场竞争中，企业能否生存下来，能否确立自己的品牌，能否具有强大的品牌力，根本点就在于产品能否顺利地进入市场，并在市场上得到消费者的认可。因此，创立一种品牌的时候，产品是其物质基础。同时，还要被市场确认。从这个意义上来说，品牌的商品力构成可以分为两个部分：一是构成商品力的基础部分；二是构成商品力的强化部分。

二、品牌文化

品牌文化指的是，赋予品牌深刻而丰富的文化内涵，建立起鲜明的品牌定位；同时，充分利用各种强有效的内外部传播途径，让消费者对品牌在精神上高度认同，创造出一种品牌信仰，最终形成强烈的品牌忠诚。

拥有品牌忠诚，不仅可以赢得顾客忠诚，赢得稳定的市场；还能够增强企业的市场竞争能力，为品牌战略的成功实施提供强有力的保障。

品牌文化的核心是文化内涵，是其蕴含的深刻的价值内涵和情感内涵，也就是品牌所凝练的价值观念、生活态度、审美情趣、个性修养、时尚品位、情感诉求等精神象征。

塑造强有力的品牌文化，实现产品的物质效用与品牌精神的高度统一，就可以超越时空的限制，带给消费者更多高层次的满足、心灵的慰藉和精神寄托，在消费者心灵深处形成潜在的文化认同和情感眷恋。

品牌力要依托于品牌的文化内涵。品牌是品牌在经营中逐步形成的文化积淀，代表了企业和消费者的利益认知、情感归属，是品牌、传统文化和企业个性形象的总和。品牌文化突出的是企业外在的宣传、整合优势，可以将企业的品牌理念有效地传递给消费者，占领消费者的心智。从这个意义上来说，品牌文化是凝结在品牌上的企业精华。

品牌文化的形成有一套科学的路径。

首先，整理品牌文化的信息点，收集梳理最能代表品牌的产品设计文化、研发文化，制造文化的信息点，要对企业管理、规章制度、领导风格的信息点进行归纳和总结；要挖掘整合对外宣传、广告设计、包装物料的信息点。

其次，将这些信息点进行科学排序，搞明白：哪些是放在最早传播的，哪些是逐步优化适配市场的，哪些是交互整合传播的，哪些是在哪个渠道进行凸显的；这些科学的排序是如何将内部文化转化为外部影响力的；哪些外部的文化可以转化为内部的文化影响力，如何有机互动、交互递进，如下图所示。

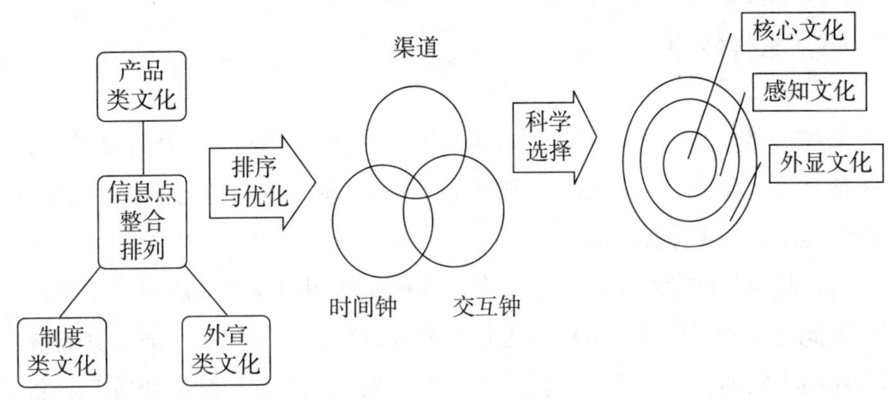

品牌文化形成的路径

三、品牌传播

品牌传播最核心的本质，就是将能够引起别人情绪和联想的设计、文字、画面、产品构造等通过一定的方法和消费者建立起一定的关系。

品牌传播是企业品牌核心战略的不二法则，传播是品牌力塑造的主要途径。品牌传播，是运用媒体新闻为企业做宣传的一种新型推广方式。在网络迅速发展的今天，网民用户对新闻的接受程度更高，这种传播模式就是品牌传播的最新趋势。品牌传播的最终目的就是要发挥创意的力量，利用各种有效发声点在市场上形成品牌声浪，让自己拥有话语权。

品牌传播，既是诉求品牌个性的手段，也是形成品牌文化的重要组成部分。通过品牌的有效传播，可以让广大消费者和社会公众认识和了解品牌，使品牌得以迅速发展。同时，还可以实现品牌与目标市场的有效对接，为品牌和产品占领市场、拓展市场奠定一定的基础。

品牌传播要想和消费者建立起一定的关系，不仅需要一套科学的信息点整合，还需要科学管理接触方式。如何来实现这一点呢？首先，将信息点变成信息流，使其保持连贯；其次，将信息流通过不同的渠道接触方式进入消费者心里，用最少的信息流费用产生最大的品牌印记效应。

四、品牌延伸

品牌延伸是品牌策略的重要方面。对于拥有顾客忠诚的某种品牌来说，要想使品牌永葆吸引力，长期受到顾客的青睐，就要不断地追求品牌的延伸，掌握和运用品牌延伸策略。

所谓品牌延伸策略，就是把现有成功的品牌用在新产品或修正过的产品上。除此之外，品牌延伸策略还包括产品线的延伸，即把现有的品牌名称使用到相同类别的新产品上，推陈出新，推出新款式、新口味、新色彩、新配方、新包装的产品。

当企业的品牌在市场上取得一定的成绩之后，该品牌便会具有超强的市场影响力，会给企业带来巨大的利润。随着企业的发展，企业在推出新的产品时，自然会利用该品牌的市场影响力，品牌延伸也就成了一种自然选择。这样，不但可以节省很多费用和投入，还可以借助已有品牌的市场影响力，将人们对品牌的认识和评价扩展到品牌所要涵盖的新产品上。

从表面上看，品牌延伸是扩展了新的产品，其实从品牌内涵的角度来说，品牌延伸还包含有品牌情感诉求的扩展。如果新产品对品牌情感诉求内容的丰富没有任何帮助，一味地降低情感诉求的内容，品牌的延伸就会出现危机。因此，不仅要注意品牌的市场影响力对新产品上市的推动作用，还要对该产品的市场与社会定位是否有助于品牌市场的稳固做出具体的分析，看看二者能否有效兼容。

把原有品牌用到新产品上，不仅可以有效降低新产品的营销成本，还能够在最短的时间里促成新产品的推广。品牌延伸后，品牌麾下通常都会有很多种产品，这样就会形成一种综合品牌战略，使企业快速占有并扩大市场。如果想让企业得到快速发展，就要采取这种战略。

常见的品牌延伸获得效应有以下几类。

1. 拿时间换空间

品牌一定要通过质量过硬的产品，用超过别的产品的使用寿命的时间换取市场占有率，也就是用时间换得空间（市场占有率）。

2. 拿理性换感性

品牌必须通过合理的性价比感受来换取愿意购买的欲望，也就是通过理性的分析换得感性的依赖。

3. 拿冲动换情绪

对于美的追求，人皆爱之。如果品牌没有设计感，不够时尚，一定不能取得顾客的青睐。这种青睐更多的是一种偏好，把设计做好是以冲动换得愉悦情绪的生产要素。

4. 拿体验换名誉

如今，顾客体验已不是简单的购买与使用，而是从产品到售后的综合体验，甚至连快递的服务感受都囊入了，简单地说，就是用体验的口碑换得品牌的名誉，传播上称之为美誉度。

5. 拿规模换授信

品牌的溢价能力从某种角度讲就是顾客愿意多花钱的那个部分，也可以说是顾客愿意授信的部分，因为一旦顾客不愿授信给品牌，是不会为品牌溢价埋单的，因此，品牌的规模（铺货率、占有率、知名度、企业规模）是获得顾客授信的条件。

6. 拿识别换品牌联想

企业或品牌的识别，除了名称、标志、DNA 外，还有品牌所传播的核心理念，这些识别要素，是换取品牌联想最重要的部分，而品牌联想是品牌定位的根基，有了品牌联想才有品牌。

7. 拿资源换时间

死在半路的品牌有非常多，除了那些剩下的，其他的都死了，因此，企业或者品牌本身需要各种资源的博弈，才能换得品牌的时间，而科学的博弈才能换得一个健康的品牌。

品牌力建设过程中存在的误区

误区一：品牌力即提高品牌知名度

品牌力是将无形的品牌优化为有形资源的能力。虽然根据一些品牌研究机构研究表明，产品的知名度达到20%～25%就进入名牌的行列，但在这里还是要阐述清楚什么是知名度。

1. 知名度

品牌知名度指的是，潜在购买者认识到某一品牌是某类产品的能力。要想建立品牌知名度，必须遵守这样一些原则。

（1）简单

要明确你现在的任务就是建立知名度，只要告诉人家你是谁，是做什么的，就足够了。也就是说，首先要混个脸熟，不要在广告里面表达太多的东西，没必要希望消费者连你有多少条生产线、工艺流程都记住，你现在首要的任务是大声地喊出来——我来了！

（2）直接

尽量少绕弯子，一切创意都要围绕产品进行。斯达舒上市的时候，巧妙地借助了斯达舒的谐音“四大叔”，虽然有点恶俗的意味，但却直接突出了品牌的名字。整个创意都是围绕名字来展开的，消费者自然也就记住了这个“四大叔”。

（3）出奇

要想让别人记住你，就要让自己显得与众不同。

美国家庭人寿保险公司（AFLAC）开始的时候做了十多年的广告，结果几乎没有人记住这家公司，直到他们以鸭子的“呱！呱！”声作为创意为止。

当人们大声地把“AFLAC”念出来的时候，听起来就好像是鸭子在叫，于是他们大胆地把鸭子的呱呱声引入到了创意中来。当别人在交谈时，总会有一只鸭子在旁边呱呱地乱插嘴。这个在一般人看来疯狂、幼稚、不合传统的广告，居然取得了巨大的成功：在广告播出的六天内，AFLAC网站的访问量比前一年的总数还多，销售额总共增长了55%。不仅如此，AFLAC鸭居然成了流行形象，大家总是时不时地喊出AFLAC，这相当于价值数万美元的免费广告。

AFLAC的决策层知道，自己需要的是知名度，不管采用什么方式，只要别人能够知道公司的名字就行。正是因为他们的理智，才促成了创意人的大胆。

（4）产品为主角

做广告的时候，不能为了创意而忽略产品，尤其是第一次亮相时更要将产品充分展示出来，把产品作为整个创意的主角。

（5）记忆点

人最容易被细节吸引和打动！在人的脑海里经常会浮现出一些断章式的情节，也许你已经忘记了某一部电影的具体内容，但是对里面的某个情节却记忆犹新，这就是记忆点。

一条广告播完了，必须有一个细节，或画面，或语言，让消费者记住，农夫果园的“喝前摇一摇”就是记忆点方面非常好的例子。

（6）多说两遍产品名

人是需要进行提醒记忆的，第一次和人家打交道，为了让别人记住你，你就要多喊两遍自己的名字。在 30 秒或者 15 秒的广告里，只出现一次品牌名字绝对是一个失误！只有多喊两遍，消费者才可能听到，宁多勿少。

2. 美誉度

品牌美誉度是品牌力的组成部分之一，它是市场中人们对某一品牌的好感和信任程度，是现代企业形象塑造的重要组成部分。

沃尔玛的创始人山姆·沃尔顿有句名言：“请对顾客露出你的 8 颗牙。”他还教导：“当顾客走到距离你 10 英尺的范围时，你要温和地看着顾客的眼睛，鼓励他向你走来，向你求助。”这就是所谓的“10 英尺态度”，沃尔玛由此传达了“向顾客提供更有价值的高品质”的理念，使消费者对其产生信任感和忠诚度。

在市场经济日益发展的今天，品牌已经成为企业占领市场的制胜法宝，人们的生活变成了各种品牌构成的缤纷世界：购买电脑芯片，首先就要选择英特尔；购买饮料的时候，首选可口可乐；如果想购买轿车，人们通常最先考虑的都是奔驰或者劳斯莱斯；想买手机的时候，消费者一般还是信赖苹果……人们之所以要选择某一品牌，主要是因为对它的信任。

企业往往可以通过广告宣传等途径来实现企业的知名度，而美誉度反映的则是消费者在接触到多种品牌信息后对品牌价值认定的程度，不能靠广告宣传来实现。

美誉度是消费者的心理感受，是形成消费者忠诚度的重要因素。很多强势品牌之所以能够获得如此高的品牌美誉度，与其产品和服务的高品质和高质量有着密切的联系。

好的品牌美誉度来自于消费者之间的口碑传播，因此，为了拥有更高的品牌美誉度，不仅要提高消费者的满意度，还要传播产品的正面信息，将负面效应降到最低限度；更要精心呵护品牌，品牌维护无小事。

美誉度关系着品牌的生命，要想打造出强势品牌，就要注意品牌的口碑建设。

3. 信誉度

品牌信誉度是指，接受服务的客户对该品牌拥有好的认识与印象的程度，是品牌管理中的中级层次——品牌信誉度建立在品牌的知名度基础上，可以有效解决品牌知名度的不足。

如何来建立品牌信誉度呢？

（1）保证产品质量

高质量是赢得顾客的根本，在大多数情况下，如果品牌拥有生产高质量产品的声誉，人们都会给予品牌很大的支持。因此，可以建立监控部门，督促生产部门保证产品质量，从根本上赢得消费者的支持，为建立强有力的品牌信誉打好坚实的基础。

（2）做好服务

信誉是一种无形财富，必须用无微不至的服务来打动消费者，获取他们的信任。顾客在购买某品牌的产品时，都希望获得与他们所付出的代价相当的服务回报。如果某种品牌一次又一次地满足甚至超出了他们的期望，在顾客心目中，它就是高质量的品牌。

通过消费者的口碑相传，品牌的信誉基础就能够建立并稳固。企业要参与到服务工作中来，不仅要监督服务部门的工作，还要将这种良好的服务态度告知公众，扩大影响，更广泛地传播品牌的信誉。

（3）做好品牌宣传

管理者要致力于与企业品牌宣传部门合作，通过客观公正的信息传播，及时向媒介、公众和内部员工通报品牌的运行状况，极力塑造品牌的良好形象，努力把品牌培养成可信任的、诚实的和值得尊敬的，最终建立品牌信誉。

由此可见，认为“品牌力即提高品牌知名度”是错误的！

误区二：品牌核心价值即产品的功能和特性

品牌核心价值是品牌资产的主体部分，可以让消费者明确、清晰地识别并记住品牌的利益点与个性，是驱动消费者认同、喜欢、爱上一个品牌的主要力量，并不是单纯意义上的产品功能和特性。

企业的一切价值活动都要围绕品牌核心价值而展开，核心价值是品牌的终极追求，是一个品牌营销传播活动的原点，是对品牌核心价值的体现与演绎，可以丰满和强化品牌核心价值。一旦确立了品牌核心价值，企业就要以坚定不移的定力加以维护，要始终不渝地坚持这个核心价值。

在漫长的岁月中，要以非凡的定力去做，让品牌的每一次营销活动、每一分广告费都为品牌作加法，将品牌的核心价值传递给消费者，提示消费者联想到核心价值的作用。久而久之，核心价值就会在消费者大脑中烙下深深的烙印，并成为品牌对消费者最有感染力的内涵。

如何来塑造品牌核心价值呢？可以从两个方面下功夫：一是品牌核心价值的定位；二是品牌核心价值的推广。

1. 品牌核心价值的定位

品牌的核心价值既可以是产品的功能性利益，也可以是情感性利益和自我表现型利益，通常来说，每个行业其核心价值的归属都会有所侧重。例如：食品产业会侧重于生态、环保等价值；信息产业侧重于科技、创新等价值；医药产业则侧重于关怀、健康等价值。

在提炼某一个具体品牌的核心价值时，要结合目标群心理，对竞争者品牌和本品牌的优势进行深入研究，突出“鲜明”的特点（新鲜明确）。为了实现这一目标，可以分以下几步进行。

（1）对同类品牌核心价值进行分析，寻找差异点

塑造差异化的品牌核心价值是企业避开正面竞争、低成本营销的有效策略，品牌的核心价值是独一无二的，具有可识别的明显特征，可以让其与竞争品牌形成鲜明的区别。在竞争异常激烈的瓶装水市场，农夫山泉之所以能够杀出一块地盘，靠的就是“源头活水”这一高度差异化的核心价值。

企业在定位差异化核心价值时，首先，要对同一生存环境下的其他品牌的核心价值作分析，尤其是要分析主要竞争者的核心价值；其次，分析一下竞争品牌的核心价值与这一企业的核心竞争力，以及长远发展目标是否相一致。如果确信竞争者的核心价值并不适合其长远发展，而又与自己非常贴切，可以取而代之。

（2）分析同一品牌下的不同产品，寻找共同点

品牌核心价值是消费者对同一品牌下的不同产品产生信赖和认同的共同点，在确立品牌核心价值时，应考虑到它的这一包容性。要对品牌下属的所有产品进行清理盘点，找到其共同点。有的品牌可能只有一个产品，有的可能拥有几十个或上百个产品，品牌的核心价值就是要在它们身上找到共性。

品牌的核心价值包容企业的所有产品，为企业日后跨行业发展留下了充分的发展空间，只有贴近消费者的内心，才能拨动消费者心弦，而使消费者喜欢。所以，提炼品牌核心价值的时候，一定要揣摩透消费者的内心世界，比如：价值观、审美观、喜好、渴望等。

企业通过召集消费者进行座谈会、深度访谈等定性调查。座谈会、深度访谈等定性调查能有效地激发消费者把各种想法详细地讲出来，如信仰、意见、态度、动机、对产品的使用评价、对各竞争品牌的看法等都蕴含着提炼差异化核心价值的机会。

2. 品牌核心价值的推广

要想让品牌核心价值自然而然地烙在消费者脑海里，建立起丰厚的品牌资产，就要做到以下两个方面。

（1）用品牌的核心价值统帅企业的一切营销传播活动

只有在产品功能、包装与外观、零售终端分销策略、广告传播等所有向消费者传达品牌信息的机会都体现出品牌核心价值，用品牌核心价值统帅企业的一切营销传播活动，才能使消费者深刻记住，并由衷地认同品牌核心价值。这就是名牌企业的最佳实践！

（2）持续维护和宣传所定位的核心价值

品牌的核心价值一旦确定，就要保持相对的稳定性。在以后的十年、二十年，乃至上百年的品牌建设过程中，要始终不渝地坚持这个核心价值。

品牌的价值，不仅能够帮助企业提高销售额，也是企业成长壮大的有力见证。品牌的核心价值是品牌的精髓，是一个品牌区别于其他品牌最为显著的特征；品牌的核心价值对于企业的进一步发展起到不可替代的作用，因此抓住品牌的核心价值是品牌建设的关键一步！

误区三：品牌推广就是追求时尚

品牌推广是品牌树立、维护过程中的重要环节，主要包括传播计划及执行、品牌跟踪与评估等。品牌推广的关键点是要以品牌核心价值统帅一切营销传播活动。

如今，市场上自助建站平台非常多，推广品牌的时候，必须以品牌核心价值统帅企业的所有营销传播活动。也就是说，所有的营销广告活动，比如产品研发、包装设计、广告、通路策略、终端展示、街头促销、接受媒体采访等，都要抓住与公众沟通的机会，演绎出品牌的核心价值。这样，消费者就可以感受到品牌统一的形象。

企业立足市场靠的是品牌的响应，任何一个初建的企业首先要做的事情就是打响企业品牌，让消费者知道你的存在。也就是说，企业的首要工作就是创建品牌、推广品牌。

概括起来，品牌的推广方式有两种。

第一种：消费者推广方式。

品牌推广的消费者推广方式具体分为：样品、优惠券、付现金折扣、特价包装、赠品、奖金、免费试用、产品保证、联合促销、销售现场展示和表演等推广方式。

第二种：营业推广方式。

营业推广方式是品牌推广中最具有针对性强和灵活多样的，可以是一次性的，也可以是不定期的。以下几种情况，营业推广是非常有效的，如下表所示。

适合营业推广方式的情况

情　况	说　　明
品牌类似	品牌经营者有意利用心理学的方法在顾客心理上造成差异，形成本品牌的特色。需要大规模地进行推广活动，采用营业推广方式
新品牌刚上市	这一时期，由于顾客对新品牌是陌生的，需要采用营业推广方式，促使广大消费者认知新品牌
品牌成熟期	为了维持品牌的市场占有率，可以使用营业推广方式。常用的营业推广方式主要有：举办展览会、展销会、抽奖、时装表演等

在品牌推广活动中，用于交易的资金一般都会被用于给消费者的奖金。品牌经营者之所以要在交易中耗资，主要是为了实现以下目标。

首先，可以说服零售商和批发商经营该品牌。通常来说，货架位置是很难取得的，要想获得就要提供减价商品、折扣、退货保证或免费商品。如果商品上了货架，就要想办法保住这个位置，如此才有利于提高品牌知名度。

其次，可以刺激零售商积极地宣传商品特色，通过展示和降价等方法来推广品牌。可以采用的方式有：在超市的人行道旁展示商品，改进货架的装饰，张贴减价优惠告示等。还可以根据零售商完成任务的情况向他们提供折扣。

如今，由于零售商的权力越来越大，品牌经营者在交易推广上的花费有上升的趋势。任何一个竞争品牌如果单方面中止交易折扣，中间商都不会帮助他推销产品。在一些西方国家里，零售商已成为主要的广告宣传者，他们主要使用来自于品牌经营者的推广补贴。

第二章

客户体验是王道

——让人感觉到舒服，感觉到快乐

如今，客户期望值和他们得到的服务往往存在很大的落差，虽然很多企业都在客户体验上下功夫，可是终究抵不过客户越来越多的需求。

要想提高客户对企业的信任感，就要让客户对服务有一定的期望值，并提供相应的、能达到该期望值的服务，这一点很重要。不仅要洞察客户的心理，还要对客户多一些了解，更要搞明白顾客的消费心理需求，继而逐渐提升客户体验。

洞察客户心理是制胜法宝

在做销售时，销售员一般都很难猜透客户的心思，不知道该怎么回应客户，结果屡战屡败。因此，很多销售都害怕客户的拒绝，不敢再去拜访客户，没有拜访率，业绩可想而知。

销售，是销售人员与客户之间心与心的互动。销售的最高境界不是把产品“推”出去，而是把客户“引”进来。所谓“引”进来，也就是让客户主动来购买。从一定意义上来说，销售是一场心理博弈战，谁能够掌控客户的内心，谁就能成为销售的王者。

在销售的过程中，恰当的心理策略能够帮助销售人员取得成功，实现销售行为的效率最大化，创造骄人的业绩。洞察客户的心理，就能成功抓住客户。

第一，贪利心理。古往今来，每个人都有贪利的想法。例如：打折可以吸引更多顾客，让利会让老顾客更动心，丰富的赠品会增加新顾客的数量，一折起三折起的海报绝大多数人都要去看看。

第二，好奇心理。顾客的好奇心理与从众心理很相似，好奇是人之本性，在马路上看到围着一堆人就忍不住过去看看。对自己不了解的事物总是想了解但是又怕冒风险，这就是人的本能想法。

人天生都具备好奇心理，为了迎合这一点，很多厂家在搞促销活动时，就会设计一些离奇古怪的做法，以此来激发人们的好奇心理，增加客源数量。

第三，恐惧心理。恐惧心理来自信息的不对称。商家是信息优势一方，而顾客是劣势的一方，顾客害怕被宰、害怕伤自尊，担心商品价格太贵自己财力不能承受，担心产品质量有问题、售后服务有问题，担心被营业员缠住不放、被强行推荐购物等。因此一个装修非常富丽堂皇的店铺，即使店铺的商品价格并不昂贵，工薪阶层的顾客依然会心存顾虑、不敢去光顾，这就是恐惧心理。

第四，逆反心理。强买强卖的生意是没有办法成功的，有些销售人员一看到顾客就喋喋不休地推荐，不考虑顾客的感受、不在意顾客的感觉，只是想把产品推出去、让顾客把钱掏出来……这样的方式是不会受到顾客喜欢的，即使推荐也不会成功。

面对顾客的时候，既不能太热情，也不能让顾客感觉到压力；既要留有一定的空间，又不能让顾客感觉到受冷落……顾客是非常奇怪的，你不理他他会不高兴，你离他太近他也会不高兴。

对于顾客的逆反心理要把握好尺度，既不冷也不热、既不远也不近的方式才能受到欢迎，只要让顾客觉得你就在他身边服务就可以了。

第五，从众心理。卖东西的时候有个奇怪的现象，如果没有人买就谁也不买，如果看到一个人购买大家都跟着效仿，这就是从众心理。

面对客户的挑剔，首先不是防卫、排斥和拒绝，要虚心倾听，冷静客观地研究分析客户挑剔的观点。研究分析时，还要站在客户的立场，根据客观的事实和主观的感觉、情绪，去了解客户为何挑剔。在面对最挑剔的客户时，尤须如此。

了解顾客，弄清楚到底谁埋单

营销的目的就是将自己的产品销售出去。既然是卖东西，你就必须搞清楚究竟是谁在掏钱，如此才能做到有的放矢。

比如，领带是男士的消费品，可是主要的购买者 50% 都是女性。很多女性愿意为自己的男友（老公）买领带，希望他们潇洒倜傥，因此绝大多数掏钱者都是女性。

再如，在计算机作为学习工具的今天，PC 机的消费者除了商务消费群之外，大部分都是父母给子女买的。如果商家忽略了父母的认知，只把诉求集中在孩子身上，无法让父母兴奋起来，业绩也就可能不会太好，因为父母是最终掏钱的人。

这里有一个关于强生婴幼儿洗浴液的故事：显而易见，婴幼儿是无法对产品作出购买决策的，为了提高销售量，强生要做的是打动孩子的妈妈。为了让众多的妈妈们埋单，强生通常会站在妈妈的角度，对于为孩子进行正确的洗浴护理提出建议，希望以此来打动孩子妈，激发她们的购买欲望。

由此可见，在推销产品的时候，不仅要在产品上开发出吸引产品使用者的卖点，还必须推出令购买决策者中意的“兴奋点”。

1992年，著名的迪士尼公司有14种以小熊维尼命名的儿童录像带在欧美的几个国家和地区出售。他们把这个组合称为“沃特迪士尼迷你经典”和“小熊维尼新历险记”。

为了配合销售，他们把小熊维尼的故事编辑成短片，在ABC广播网的多家下属媒体播放，以此来吸引儿童产生购买欲望。但是事与愿违！虽然付出了很多努力，但并没有产生多大的效果，销售量反而日益降低。

为了挽回颓势，迪士尼公司招聘埃里克·舒尔茨为其工作。当时，在美国职业经理人界，埃里克·舒尔茨是有一定声望的。埃里克·舒尔茨上任后的第一件事，就是想办法挽回“沃特迪士尼迷你经典”和“小熊维尼新历险记”的将败之局。

经过消费者调查研究之后，营销团队发现了一个令人振奋的情况——孩子的妈妈们依旧还热爱着小熊维尼。而产品之所以销售不景气，其中一个主要原因就是，两款组合的命名和包装对妈妈们产生了负面影响。

首先，妈妈们认为，“迷你经典”意味着：录像带的时间短，没有原来的小熊维尼好看，不划算。其次，她们并不认为小熊维尼是个冒险家，而是一个聪明、可爱、真诚、善良的小动物。原来的营销策略正是因为忽略了对孩子妈妈真实感受的挖掘，才导致营销失败的。

其实，妈妈们依然记得在儿时深爱的故事书里读到的小熊维尼的可爱形象，还经常会把这些故事讲给自己的孩子听；她们喜欢小熊维尼和它的朋友们所具有的温和、宽大、真诚和关心他人的品质，并希望自己的孩子也能够具有这些好的品质。但是，对于这套“沃特迪士尼迷你经典”，妈妈们却觉得，“迷你”意味着小、少。

幼年时妈妈们看到的小熊维尼故事书，在她们的心目中很大、很厚，要看很长时间才能看完，甚至觉得当时是父母花了好多钱才买来的。可是当她们看到这套“迷你经典”时，便会觉得，肯定是制造商偷工减料、缩短了书籍的篇幅。因此，对于精打细算的妇女们来说，买这套“迷你经典”非常不值。因此，她们不会为此埋单，商家只能干瞪眼。

有了这些发现，舒尔茨感到欣喜若狂，他立即下令收回了所有的产品。然后，将包装改成了三种不同的款式，命名分别改成了“小熊维尼故事书经典”“小熊维尼学知识”和“小熊维尼游戏时间”。在媒体的配合下，新的定位策略取得了前所未有的效果，小熊维尼销势异常火爆。

在这件事情中，解决问题的关键是什么？很简单！

目标消费者的妈妈们大多受过小熊维尼的熏陶，她们对小熊维尼有着深厚的感情，不希望看到小熊维尼的思想突然变味。她们希望自己的孩子能够延续自己对小熊维尼的热爱，让孩子具有她们记忆中的那种温和、宽大、真诚和关心他人的品质。

于是，舒尔茨就照葫芦画瓢，把挖掘出的孩子妈妈们心智中的期望，通过重新改变的命名和包装外化出来，使得妈妈们重新找回了儿时对小熊维尼的兴奋感。于是，妈妈们便觉得应当把这个有益身心的兴奋传递给自己的孩子。

这个案例告诉我们，在发掘产品兴奋点时，一定要把目标对象搞清楚，弄清楚他们的想法和需求。然后再有针对性地发掘“兴奋点”进行推广诉求，这样射出的箭才不会出现偏差。

同样的错误也出现在娃哈哈童装身上。

开始的时候，娃哈哈童装认为，“绿色环保童装”是娃哈哈的亮点之一。其诉求为：注重童装健康、舒适、漂亮的特色，严格按照国际及国家有关绿色环保标准组织生产，面料选择、设计风格、童装规格上都更人性化，不仅采用绿色环保面料，确保无毒害、无污染，同时注重吸湿性、透气性、柔软性、保暖性等健康元素，而且在服装设计上更符合东方儿童体形特点，穿着更舒适。可是，娃哈哈健康童装的概念并没有过关斩将，为什么？商家没有从消费者的最大影响者和决策者的角度去分析。

首先，孩子是产品的使用者，他们天真、稚嫩，也许他们对于吃的东西是否有营养、能否使身体更健康还认识不全，但是对于通过穿衣服保持身体健康的说法却肯定难以认同。其实，很多时候，不要说孩子们，就连绝大多数家长对此也还存在着疑惑。

其次，掏钱的人都是家长，面对价值上百元、甚至几百元的服装，家长是不会任由孩子的性子掏钱的。更何况孩子对“健康童装”也是一无所知，根本就谈不上感兴趣。那么，家长们在想什么呢？

“现在的孩子都长得快，我花上百块、几百块买一套娃哈哈童装，孩子还没穿几天，就小了，不能穿了，再有钱也不能这么折腾啊！”

“我们现在买的童装都是浙江等地的产品，质量和款式都很不错，价格也合理。至于娃哈哈童装，买一两套给孩子应应景吧！”

为什么浙江的二三线童装品牌能使家长们趋之若鹜？因为他们有效地建立起了说服家长们的“兴奋点”：孩子长得快，而且不懂得爱惜服装，因此没必要买太贵的服装，只要颜色款式好看就行了！

作为孩子的家长，对于以上的理由，你能不点头称是吗？

还有一个汽车品牌：比亚迪。这个品牌的名称在很多方言里，字面含义都很糟糕，读音更是不敢恭维。研究品牌的人都知，比亚迪的产品还是不错的，但是因为这个名称至少丧失了一半的客户，不知道比亚迪的品牌负责人究竟是如何想的，还是说他们没有进入市场经济的年代，仍被国有化的体制思想惯性所束缚？

这些就是很典型的故事和案例。

了解客户的消费心理需求

一、客户有受欢迎的需求

客户都有受欢迎的心理特点，如果在购买商品的时候，销售人员能够对其多一些关注（如包含快乐情绪的声音、重视对方声音的变化），重视对方的需求，热情对待客户的主动提问，定然能够获得客户的好感和认同。

在今天的同质化时期，越来越多的商家都将吸引客户的注意力作为了工作的中心，比如：一线销售人员倡导微笑服务……这些都是消费者希望看到的。要想增强客户体验，就要满足客户受欢迎的心理特点，不要排斥对方，更不能瞧不起他。

1. 客户希望被认识、被了解

一般情况下，当客人能够听到工作人员直接称呼他的姓名时，他会很高兴。尤其是在餐厅，如果服务员能够记住他喜欢的菜肴或特别嗜好，客人更会感到受到重视和无微不至的关怀。

某心理学家曾说：“让人满足虚荣心的最好方法就是让他产生优越感。”如果商家能够把顾客的名字脱口而出，顾客就会觉得自己受到了重视，在这种优越感的驱使下，他们就会经常来光顾这家店。

泰国东方饭店是世界十大饭店之一，已经有100多年的历史了。这家饭店的生意特别好，几乎天天客满。客人如果不提前一个月预订房间，是很难预订到的。这家饭店之所以如此受顾客的欢迎，和他们独特的经营理念有关——记住客人的名字，给客人无微不至的关怀。

关于这一点，有这样一个故事。

一次，王衡到泰国出差。当他早上起床出门时，服务生马上迎上来面带微笑地说：“早，王先生！”王衡感到非常奇怪，为什么他们会知道自己的名字呢？带着这样的疑问，他走到了电梯门口，结果楼层的服务生也同样对他说：“王先生，用早餐吗？”

王衡一听，真是太奇怪了！可是，就在他不明所以地走进餐厅时，服务生又对他说：“王先生，要原来的座位吗？”王衡感到不可思议，便向一个服务生询问了原因。

原来，饭店规定，楼层服务生在前一天晚上要背住每个房间客人的名字。当客人下楼时，本层的服务生就会电话通知下一层的服务生。而在餐厅里，每个服务生的电脑里都存有顾客的记录。

东方饭店成功的秘诀就在于，它非常重视培养忠实的客户。

2. 消费者希望得到一视同仁的服务

消费者的消费档次并不是一成不变的，只要服务得好，他们的消费档次是可以转化的，低档次的可以变成中档次的，中档次的也可以变成高档次的。因此，服务的时候，不能只盯着消费档次高的消费者，不能忽略消费水平低的客户，只要服务到位，他们很可能会成为企业潜在的高消费客户，甚至是忠诚客户。

不能因为优先照顾熟客、关系户或重要客人而忽视、冷落了其他消费者，企业不仅要为重点客户提供优良的服务，还要兼顾到所有的客户，不能让任何一位客户感受到了冷落和怠慢。任何的顾此失彼都会引起部分消费者的不满，甚至尖锐批评，直至流失。

二、客户有及时服务的需求

当今社会，人们的需求越来越快，消费者越来越希望获得快捷高效的服务，快餐店、大排档应运而生。此外，很多企业也推出了各种加急服务，如一分钟取相片，各种绿色通道等。在销售领域，要了解客户的真实需求，及时满足客户的需求，及时为他们提供服务。

顾客对快捷的心理需要主要表现在以下几个方面。

第一，顾客一进餐厅就希望能够找到座位，服务员能够快捷地为他斟上茶水，递上菜单，想用的饭菜很快就能上来，如果服务员能够从这一点入手，定然能够赢得消费者的认同。

马格丽特是亚特兰大一家饭店咖啡厅的领位员，这天午饭，她刚带几位客人入座回来，就见一位先生走了进来。

“中午好，先生。请问你贵姓?”马格丽特微笑着问。

“你好，小姐！你不必知道我的名字，我就住在你们饭店。”这位先生漫不经心地回答。

“欢迎你光顾这里。不知你愿意坐在吸烟区还是非吸烟区?”马格丽特礼貌地问道。

“我不吸烟。你们这里的头盘和大盆菜有些什么?”先生问。

“我们的头盘有一些沙拉、肉碟、熏鱼等，大盆菜有猪排、牛扒、鸡、鸭、海鲜等。如果感兴趣，可以坐下看看菜单。你现在是否准备入座了？如果准备好了，请跟我去找一个餐位。”马格丽特说。

这位先生看着马格丽特的倩影和整洁、漂亮的衣饰，欣然同意，跟随她走向餐桌。“我不想坐在这里。我想坐在靠窗的座位，这样可以欣赏街景。”先生指着窗口的座位对马格丽特说。

“请你先在这里坐一下。等窗口有空位了我再请你过去，好吗?”马格丽特征求他的意见。在征得这位先生的同意后，马格丽特又问他要不要些开胃品。这位先生点头表示赞同。马格丽特对一位服务员交代了几句，便离开了这里。

当马格丽特再次出现在先生面前告诉他窗口有空位时，先生正与同桌的一位年轻女士聊得热火朝天，并示意不换座位，要赶紧点菜。

马格丽特微笑着走开了。

第二，快捷意味着减少顾客等候的时间，能减缓顾客的紧张心理。赶火车、飞机的时候，人们通常都希望服务员能给予优先照顾，账单能及时送达。如果能够满足客户的这种心理，就容易将这种客户转变成忠实客户。

经济型酒店通常针对普通旅客，只能满足一些基本需求，比如：干净的床、交通方便、24 小时热水等，而汉庭却从中提炼出了商务人士最核心的需求。比如，整个酒店都覆盖有无线网络，为了保证商务人士对安全的需求，乘坐电梯的时候，只有用房卡才能驱动。

汉庭的创始人季琦属于二次创业，在这之前，他一手建立了我国目前最大的快捷连锁酒店品牌——如家。基于第一次的经验，同时为了和如家区别开来，他在汉庭便对目标客户进行了细分，将自己的产品瞄准了商务人士。

汉庭快捷酒店与其他快捷经济型酒店不同：顾客可以在酒店的大堂免费打印 20 张 A4 纸的内容；大堂有两台电脑供人使用，凭房卡免费使用 1 小时；每个房间的书桌和床头都设有网线插口，这样与同事同住也不会抢网线……为了满足这些需求，汉庭在每家快捷酒店中都额外投入了三四十万元。

三、客户有被理解的需求

每个客户都有被理解的需求，当销售人员接待了客户以后，接下来要做的就是了解客户有什么样的需求，客户希望销售人员为他做什么，这是销售人员能成功地帮助客户的一个前提。

具体来说，在整个理解客户阶段，销售人员要具备三大技巧：听、问和复述。

1. 听

和顾客沟通的时候，销售人员要善于倾听，要微笑着、用眼睛看着对方听。对对方所说的话恰当及时地做出回应，或点头，或微笑。必要时，还要对客户在谈话过程中提到的问题做个记录。

倾听的时候，不仅要听清楚对方在讲什么，还要给他人留下好印象。对销售人员来说，需要听两点：①听事实，要听清楚对方说什么；②听情感，要考虑客户的感受是什么，需不需要给予回应。

顾客对销售人员说："我昨天看中一套房子，决定把它买下来。"

销售人员说："哦，是吗？在哪儿呢？恭喜你呀。"

由这段对话可知，顾客看中了房子，想买下来，这是一个事实；销售人员问房子在哪儿，是对事实的关注；"恭喜你"就是对顾客的情感关注。顾客之所以要把事实告诉销售人员，主要是渴望销售人员能够与他共同分享自己的喜悦和欢乐；作为销售人员，就要对这种情感加以肯定。

倾听是一种情感的活动，不仅要用耳朵听到相应的声音，还要通过面部表情、肢体语言等来回应对方，传递给对方一种你很想听他说话的感觉。那么，如何来倾听呢？

（1）永远都不要打断客户的谈话

在这个世界上，任何一个人都不喜欢他人打断自己谈话。有些人的倾听能力很差，会有意识地打断对方的谈话。其实，打断客户谈话，对于客户来讲是非常不礼貌的。当你有意识地打断顾客说话时，就像是挑起来了一场战争，顾客会以同样的方式来回应你，最后你们两个人的谈话很可能会变成吵架。

（2）清楚地听出客户的谈话重点

经验告诉我们，当你与客户谈话时，如果对方正确地理解了你的意思，你一定会很高兴。并不是所有人都能清楚地表达自己的想法，特别是在不满、情绪受到影响的时候，经常会有类似于"语无伦次"的情况出现。能清楚地听出客户的谈话重点，也是一种能力。

（3）适时地表达自己的意见

谈话必须有来有往，在不打断客户谈话的原则下，应适时地表达自己的意见。如此，才能让对方感受到你始终都在注意地听，而且听明白了。

（4）肯定客户的谈话价值

在谈话时，即使是一个小小的价值，如果能得到肯定，客户的内心也会很高兴。因此，在谈话中，一定要用心地去找对方的价值，给予积极的肯定和赞美，这是获得客户好感的一大绝招。

（5）配合表情和恰当的肢体语言

当你与客户交谈时，对对方活动的关心与否会直接反映在销售人员的脸上。仅仅用嘴说话，是很难造成气势的，必须配合恰当的表情，用嘴、手、眼、心等各个器官来说话。但要牢记，切不可过度地卖弄，如手舞足蹈、拍大腿、拍桌子等。

(6) 避免虚假的反应

在客户没有表达完自己的意见和观点之前，不要做出比如“好！我知道了”“我明白了”“我清楚了”等反应。在客户看来，这种反应等于在说“行了，别再啰唆了”，如此空洞的答复只会阻止你去认真倾听客户的讲话，只会阻止客户的进一步解释。

2. 问

工作人员要运用提问的技巧，准确地提出问题，迅速发现客户的需求。

在办公室里，赵虎正在给自己电脑的厂商售后服务中心打电话：“听着，你们上次来修电脑时，是修好了，可是你们一走，系统就又不行了。”

售后服务人员：“怎么会这样呢？对不起，你先别着急，我马上帮你解决。”

赵虎：“我不能整天没事干，光是陪着你们修这台该死的电脑，你知道吗？现在我办公桌上的文件都快有半米高了，就因为你卖给我们的这台破电脑，害得我丢了所有的文件。你知道这些被删掉的文件对我有多重要吗？我至少需要3个月的时间才能恢复。这个损失谁来赔！”

售后服务人员：“我能够想象那些文件对你有多重要，我也非常想帮助你，我想，现在对于你来说最重要的就是马上解决问题。”

赵虎：“我现在就是想不明白，我当时是不是脑袋进了水，我怎么就买了你们的破电脑？”

售后服务人员：“我知道你现在很生气，请相信，我们的售后服务承诺是有保证的。”

“对，你们是有8小时的服务承诺，你们也按时来修了，可是你们已修了多少次，最后修好了吗？8小时服务承诺，即使是1小时的服务承诺对我来说又有什么意义呢？”

售后服务人员：“你说的情况是个事实，我也很抱歉，我们会尽力地解决这个问题，请相信我。”

赵虎：“现在，我们同事都笑话我买的这台害人的破电脑，有人还说我是不是吃了回扣了，你知道吗？就那台电脑，比你们公司卖得便宜的满街都是！你拍拍良心，我拿了你们一分钱回扣吗？”

售后服务人员："这一点你尽可放心，谁不知道你是位很正直的人，如果需要的话，我和我们公司都可以为你证明。"

赵虎："这事如果被我们经理知道了，还不知道结果会怎样呢，闹不好我连饭碗都得砸在你的手里。"

售后服务人员："我理解你的处境，不要太担心，我会尽快地帮助你解决这个问题，请你放心！"

案例中，电脑的服务代表做得比较成功，他成功地站在客户的角度上思考问题，一步接一步地去平息赵虎的怒火，将客户拉到了妥善解决问题的轨道上来。

3. 复述

工作人员要抓住整个谈话过程，对客户谈到的问题做复述。一旦明白了客户的需求，就要为其提供更优质的服务。

四、客户有被帮助的需求

人们在消费的时候心理一般都是脆弱的，尤其是他们购买价格较高的商品时，或者是缺乏足够的采购经验时，他们都担心上当受骗，担心一旦购买了某种商品，使用的时候却不能保证质量。这时候，他们通常都希望获得销售人员的帮助。

小珂是一位汽车销售人员，刚开始卖车时，老板只给了他一个月的试用期。可29天过去了，他一部车都没有卖出去。最后一天，老板告诉他明天不用来上班了，小珂忧心忡忡，眼看着即将丢掉自己的第一份工作。可是，就在这时候，有人敲开他的门。来者是个卖锅的，身上挂满了锅，冻得浑身发抖，他看见车里有灯，想来车里取取暖。

小珂看到落魄的卖锅人，便递上一杯热咖啡。两人开始聊了起来，在聊天中，小珂知道，此人的锅销售量不错，卖的地方很远。而且，还得知，如果生意做得好，卖锅人就会买部车，不过现在还买不起……

两人越聊越起劲，天亮时，卖锅人出乎意料地订了一部车，不过，提货时间是五个月以后。因为有了这张订单，小珂被老板留了下来。

小珂之所以能够取得最后的业绩，主要是因为他抓住客户的需求，通过与客户沟通，了解到客户存在的问题、期望，并努力去解决客户遇到的问题。不仅帮助客户实现了个人利益，也使自己的利益最大化，最终客户也预订了一部车。

销售的目的在于，满足客户的实际需求，帮助客户解决遇到的问题。从这点来看，销售人员在推销时不能只是一味地去介绍产品，必须关注客户的痛苦，关注客户渴望解决的问题，用自己的产品来解除客户的痛苦，解决客户的问题。对于销售人员来说，只有为客户着想，把帮助客户解决问题当做自己的工作重点，才能赢得客户的接受和信任。

1. 了解客户存在的问题

为了激发客户的明确要求，要多了解客户对产品应用方面的态度，尤其是不满意的地方。例如，你可以这样问："你最不满意的地方在哪里?"

发现了客户的不满之后，可以提出激发需求的问题，将客户的这些不满明确化，从而引起客户的高度重视，提高客户解决这类问题的紧迫性。这些问题包括：

"这些问题对你有什么影响?"

"你如何看待这一问题?"

"你和你的同事的工作效率受到很大影响吗?"

"你最喜欢你目前使用产品的什么方面?"

"我是否可以问一下你对这些产品有没有不满意的地方?"

从客户的这些回答中，就可以了解到客户的需求在哪里，从而为接下来的产品推销提供事实依据。比如，当你了解到客户对操作程序不太熟悉时，就可以通过介绍、示范、亲自操作等方式帮助客户尽快熟悉起来。

2. 让客户意识到问题的严重性

有些客户在购买产品的过程中，本来确实存在很多问题，却不愿意明确地表达出来。作为销售人员，此时最关键的是要让客户认识到问题的严重性，激发他们寻求解决办法的愿望。

没有需求，就没有解决方案。要通过对现状的分析，让客户看到问题的严重性，引起对方的重视，引发客户的需求欲望。一旦客户觉得你的产品正好能够解决他们的问题，客户的需求就产生了。

3. 帮助客户解决问题的黄金模式——SPIN

SPIN 是美国著名销售咨询专家 Neilrackham 和他的研究团队研究出来的一种销售技巧。按照这种技巧，销售人员在和客户会谈时，就要从为客户解决问题的宗旨出发，按照以下四个步骤开展：

（1）开始对话—提出问题—背景问题；

（2）取得事实—问题询问—难点问题；

（3）请求证实—内含问题—暗示问题；

（4）得到反应—反馈问题—效益问题。

这就是 SPIN 模式。例如，在刚开始会谈的时候，客户就已经明确地提出了他们的需求，这时候你就可以直截了当地提出一些需求回报型问题，然后跟他们说说，自己的产品是如何满足他们需求的。随后，就可以提出上面四类问题展开论述了。

要想让客户相信你，最简单的方法就是帮他解决问题。如果你能解决客户的问题，便会取得客户的信任，客户才会慢慢消除芥蒂，然后从心里接受你、信赖你，如此客户才能与你成交，才可能成为你不用花钱的“广告宣传员”。

五、客户有受重视、受尊重的需求

渴望被人重视，是一种很普遍的、人人都有的心理需求，作为消费者的顾客也不例外。每个人都享受被重视的感觉，希望自己在别人心中是独一无二的。其实，这种心理需求正好给销售人员推销自己的商品带来了一个很好的突破口——客户都渴望享受超尊贵的服务。

渴望获得重视的心理包含两个方面：一方面是希望得到别人的认可和赞美，使自己获得优越感；另一方面是不愿意被人轻视，使自己显得与众不同，吸引别人注意。对于销售人员来讲，顾客创造了市场，产品只有满足了顾客的需求，才能符合市场的需求。销售人员可以利用顾客这一心理，巧妙地促使顾客购买自己的产品。

晓婷和小丽两个人一同出去推销公司的产品，她们先后都到过周经理那里。晓婷是第一个去的，进门之后她就开始滔滔不绝地向周经理介绍自己的产品有多么好、如何适合……这样的话不仅没有引起周经理的兴趣，反而让他很反感，于是他不客气地让人把晓婷轰走了。

等到小丽到来的时候，周经理知道她们推销的是同一种产品，本来不愿意见她，但是他又想听听小丽是怎样的一种说辞，于是就请小丽来到了办公室。

小丽进来后，并没有直接介绍自己的产品，而是很有礼貌地客套了一番，还说了一些赞美的话，而对自己的产品却只是简单地介绍了一下。可是周经理始终都是一副很冷淡的样子，小丽觉得这笔生意已经很难做成，虽然心里多少有些失落，但她还是诚恳地对周经理说："谢谢周经理，虽然我知道我们的产品很适合你，可是我的能力太差，无法说服你。我认输了，我想我应该告辞了。不过，在告辞之前，想请周经理指出我的不足，以便让我有一个改进的机会好吗？谢谢你了！"

这时，周经理的态度突然变得很友好、很和善。他站起来，笑着说："你不要急着走，我已经决定要买你的产品了。"

为什么晓婷前来推销会被轰出去，而小丽却能够成交？这就是一个满足顾客心理需求的问题。晓婷只是滔滔不绝地介绍自己的产品，而忽略了对顾客起码的尊重和感谢；而小丽却始终对周经理很恭敬、很有礼貌，特别是自己最后临走时还请求顾客指教，这让周经理感受到了足够的重视，从而从情感上对小丽也表示了认同，自然也就促成了这笔交易。

作为一名合格的销售人员，要明白一点：无论从价值链，还是从市场和企业生存的角度去看，顾客都是上帝。要想让顾客把一掷千金的劲头都用在你的身上，首先就要把顾客当成"上帝"一样对待，要先明白上帝的想法。

聪明的销售人员在面对顾客时，往往会故意先向他推荐档次较低的商品："先生，这款产品是最便宜的一款，很实惠。"顾客渴望被重视的心理需求没有得到满足，反而会购买中高档的款式，得到销售人员的重视。这时候，如果销售人员再加上几句"你真有眼光""这款最适合你"等赞美的话，顾客更会高兴地付钱，而且下次可能还会购买你的商品。

当销售人员面对这样的顾客时，不妨试试以下技巧。

1. 认真听完顾客的要求再回答问题

当顾客提出问题时，销售人员必须认真地听他说，即使顾客说到一半的时候你就知道不可能按照他的意思做，也得用心听完。只有这样，顾客才能感受到被尊重。即使你下一步是委婉的拒绝，顾客也不会觉得你是在敷衍他，而是实在不能作出让步。

2. 即使否定顾客，你的态度也要谦虚

作为销售人员，要时刻尊重你的顾客，要用谦虚和礼貌让顾客觉得你不但是推销产品的专家，还是一个有修养的人，如此顾客才能产生和你进一步沟通的意愿，你提出的意见顾客也就比较容易接受了。

六、客户有被称赞的需求

任何一个人都希望得到他人的首肯和赞美，顾客也是！作为一名销售，能否站在顾客的角度上思考问题是衡量一名销售是否成功的关键。既然顾客需要赞美，我们又何必要吝啬自己的语言？

一次，有个顾客在一款地砖面前驻留了很久，导购走过去对顾客说："你的眼光真好，这款地砖是我们公司的主打产品，也是上个月的销售冠军。"

顾客问："多少钱一块？"

导购说："这款瓷砖，折后的价格是150元一块。"

顾客说："有点贵，还能便宜吗？"

导购说："你家在哪个小区？"

顾客说："在世纪豪园。"

导购说："世纪豪园是市里最好的楼盘了，小区的绿化非常漂亮，室内的格局也非常不错，交通也很方便。买这么好的地方，我看就不用在乎多几个钱了吧？不过我们近期正在对世纪豪园和威尼斯城做一个促销活动，这次还真能给你一个团购价的优惠。"

顾客兴奋地说："可是，我现在还没有拿到钥匙呢？没有具体的面积怎么办呢？"

导购说："你要是现在就提货还优惠不成呢，按规定要达到20户以上才能享受优惠，今天加上你这一单才16户，还差4户。不过，你可以先交定金，我给你标上团购，等你面积出来了，再告诉我具体面积和数量。"

这样，顾客提前交了定金，两周之后，这个订单就算搞定了。

这个案例虽然很简短，但是不乏闪光之处。这位导购善于赞美："你的眼光真好，这款砖是我们公司的主打产品，也是本月的销售冠军。"这句话不一定是真话，但是，顾客喜欢，这就是真理。既然顾客喜欢，为什么不能够为顾客提供一些证据让顾客更喜欢呢？每个人都需要认同，顾客更需要。"本月销售冠军""我公司的主打产品"就是对顾客选择最好的也是最有力的认同。

"世纪豪园是市里最好的楼盘了，小区的绿化非常漂亮，室内的格局也非常不错，交通也很方便。"如果是你，相信你也会说这样的话。如果只说"我们那个小区正在做促销"，只能让顾客觉得你虚情假意。

但是，这位导购是这样处理的：先赞美顾客购买的小区非常漂亮，再告诉顾客不该省钱，让顾客感觉到住这么好的小区再谈价钱有点惭愧；然后，告诉顾客我们正在做促销。"即使你不谈，我们也可以给你打折的"。这等于给了顾客额外的惊喜。如果你是顾客，你的感觉怎样？

根据这位导购的谈话技巧，我们来分析，即使顾客当时能够把产品定下来，这个团购价也是能够开出来的。但是，导购没有马上那么做，而是故意让顾客觉得得到这种折扣有点"来之不易"的感觉，只有来之不易的东西，才能够让人们感到非常珍惜，这就是一种超值的心理感受。

众所周知，赞美顾客的目的是为了签约，因此赞美顾客的时候一定要诚恳。通常来说，顾客对真诚的赞美是不会拒绝的。

世界上最华丽的语言就是对他人的赞美，适度的赞美不但可以拉近人与人之间的距离，还能够打开一个人的心扉。虽然在这个世界上到处都充满了浮华过誉的赞美，但是人们仍然非常愿意得到你发自内心的肯定和赞美。

从人的心理本质上来看，被别人承认是人的一种本质的心理需求。如何来赞美顾客呢？

1. 寻找一个可以赞美的理由

赞美顾客是需要理由的，我们不可能凭空制造一个点来赞美顾客，这个点一定是我们能够赞美的点，要有一个充分的理由来赞美顾客。这样的赞美，顾客才更加容易接受，顾客才能从内心深处感受到你的真诚，即使这是一个美丽的谎言，顾客也会喜欢。

2. 顾客自身所具备的一个优点

要认真观察，发现顾客身上所具备的优点和长处，大加赞美。顾客的优点可以从多方面来寻找，例如：顾客的事业、顾客的长相、顾客的举止、顾客的语言、顾客的家庭等。当然，赞美的必须是顾客的优点，如此才能让顾客感受到你是在赞美他；如果不加判断地赞美了顾客的缺点，只能取得与之相反的后果。

3. 赞美的点对于顾客是一个事实

赞美顾客的“点”必须是一个不争的事实，要让顾客感觉到，你的赞美不带有任何过度的地方，这样的赞美顾客更加容易心安理得地接受。

4. 用自己的语言表达出来

对顾客的赞美要通过自己的语言，以一种自然的方式表达出来，如果用华丽的辞藻来说明一个非常普通的产品，顾客就会认为你是一个太过做作的人，你的话就会打一些折扣。因此，用自然的方式来表达你的赞美将是一种不错的表达方式。

5. 在恰当的时候真诚地表达出来

对顾客的赞美要在适当的时机说出来，如此才能显得你的赞美是自然的；同时，对于顾客的赞美可以适当加入一些调侃的调料，这样更加容易调节气氛，让顾客在心里感觉到舒服。

七、客户有被识别和被记住的需求

每个人最喜欢听到的声音、最悦耳的声音就是别人叫自己的名字，每个人都希望对方能够记住自己。“你是上星期来过的吧！”如果你再度光临某家商店的时候，听到销售说这一句话，你是否感到惊讶甚至很感激地认为“原来他们这么关注我”呢？

心理学家认为，当听到别人叫自己名字时，人的内心会产生一种强烈的喜悦感和满足感。在销售的过程中，反复使用这个“工具”，顾客是永远不会厌倦的；同时，还会让顾客觉得你与众不同。

在过去的一段时间，世界著名的咖啡店星巴克曾被一家名叫 Barista Brava 的咖啡连锁店夺走了不少顾客。主要原因就在于，这家咖啡店要求每个员工都要记住顾客的名字和口味。所以，店里的常客即使不开口，服务生也可以把餐点送到。在这家咖啡店里，有一个领班，她曾经连续招待过 28 位顾客，而且不曾向他们询问想要什么。

如今，消费市场是一个讲究个性化消费的时代，想要在激烈的竞争中取胜，就要拥有一套属于自己的经营方法和技巧。其中，记住顾客的名字就是最划算的方法。如果你不想被顾客忘记，就永远不要忘记顾客的名字。

如果店员能记住顾客的名字，并且能立即叫出他的名字，就可以有效地提高顾客的满意度。如果公司的服务人员能记住老顾客的姓名，并在其再次光临时能立即叫出他的名字，就可以有效地提高顾客的满意程度。

记住顾客的名字，每次见到顾客的时候首先叫出他的名字，顾客会觉得受到尊重。虽然这是很小的一个细节，却能为一个出色的销售铺垫成功之路。其实，对于专业的销售人员来说，记住别人的名字是对别人最起码的尊重、最基本的礼貌，如果连最基本的礼仪都不懂，则很难在工作中取得好成绩。

对于很多人来说，记住一个人的容貌并不难，可要记住一个人的名字就不那么容易了。记住他人的姓名，既是一种礼貌，又是一种情感投资。在人际交往中，当你与曾打过交道的人再次见面时，如果对方能一下叫出你的名字，你一定会感到非常亲切，好感也会油然而生。

那么，如何尽快记住客户的名字呢?

(1) 留意并尽快知道客户的名字，必要时可以有礼貌地问："先生，请问你贵姓?"

(2) 一旦知道了客户的名字，就要反复利用各种机会，用名字来称呼客户，这样有助于记住对方的名字。

(3) 努力记住客户的面貌和身体特征，并且设法和他的名字联系在一起。

(4) 在提供服务的过程中，专心倾听，不要三心二意，提高记忆力的效果。

(5) 客户离去时，要及时回想一下他的面貌、职业和你所给予的服务；同时，再次和姓名联系在一起，必要时以书面形式将所需的资料记录下来。

(6) 再次见面的时候，要努力记住名字称呼，如不能完全确认对方名字，可以试探地问："对不起，请问你是××先生吧?"千万不要贸然叫错客户的名字!

八、客户有被信任的需求

人无完人，孰能无过！商家和顾客之间，在诚信的基础上，可以搭建起一座理解和沟通的桥梁。

“贺曼”是一家来自美国的童装品牌，进驻金元宝滨海国际购物中心已将近两年。在日常工作中，她们视顾客为亲人，处处为顾客着想，真诚接待好每一位顾客，品牌迅速度过了“培养期”，目前已经发展会员近200名，每月的销售同期提升20%左右。

一次，一位女性顾客进到专柜，为宝宝挑选婴儿服。工作人员主动上前询问顾客的需求，细心解答顾客提出的问题并推荐了几款合适的童装；另一名工作人员则根据顾客提供的婴儿情况，迅速从仓库调出了尺寸合适的童装。

40分钟后，当顾客选好衣服，准备去结账时，发现没有带钱包。顾客不好意思地说道：“让你俩忙了大半天，真不好意思啊。”工作人员微笑地说，“没关系，衣服先给你留着，等你方便的时候再来付款不迟。”

亲切的话语让顾客很意外。很快，这位顾客取了钱后又返回来付款，走时连连道谢。

当一个人被信任的时候，自然会成为孜孜以求的原动力，进而生发出许多热情，从内心而发的愉悦也就会自自然然地挂在脸上，变成良言一句三冬暖；可是，一旦被拒人于千里之外的冷漠包围住，人就会自然把自己包裹起来，以求稳妥与安全。客户更是如此，要想取得客户的认同，信任对方也是一个不错的方法。

美国的商家没有推销、没有导购，退货便捷，可以让顾客充分享受购物的乐趣。在美国退货的时候，有时商家连收据都不要，对素不相识的消费者也会展现出百分之百的信任，让人由衷地感到开心。林先生在美国的商场购物的时候，真正地体会到了“顾客就是上帝”。

有一次，林先生所买的东西降价了，可是，自动付款机照原价收费。当他将意见反馈回去的时候，顾客服务中心就把全款退给了他，将此商品免费赠给了他。

因为，商家知道，这样的错误是工作人员造成的，是商家的管理不到位造成的。不仅会让顾客找回经济损失，还会让顾客享受一次免费使用的机会。

在美国的超市购物的时候，如果收银员打出的单价跟消费者看到的单价不符。当他指正出来后，大部分收银员都不找人确认，就按他说的单价重新录入。即使拿到收据后，当消费者质疑收银员的价格时，也可以到顾客中心把自己的质疑讲出来。只要他的要求合理合法，顾客中心的工作人员都可以按照确认的价格，把多付的钱退回来。

相信消费者：知道什么产品质量好；相信消费者：知道什么公司服务好；相信他们的审美观，相信他们对产品本身价值的判断，相信他们对一个产品的综合判断，相信他们有着和我们一样聪明的头脑，因此公司要对产品本身要求严格、每一个环节都力求完美。

提升客户体验的三种力

一、亲和力

要推销产品，首先要取得顾客的信任，只有顾客对你产生了信任，才会更相信你的产品，而推销员要取得顾客的信任，与顾客建立亲和力是关键。

一天，一位顾客来到极美商城选购床垫，各个品牌的导购员都在争取他。小王是××品牌的一位导购员，她发现顾客对棕床垫非常感兴趣，就是不看弹簧床垫，小王非常着急。顾客一转身，她就笑脸相迎地递上一张宣传材料："先生，你好，欢迎看一下××品牌床垫，弹簧床垫与棕床垫不同……"没等小王说完，顾客就一脸不耐烦严肃地说："我不要弹簧床垫，不用给我介绍。"最后，顾客拿着几个品牌的棕床垫宣传材料离开了商场。

过了几天，这位顾客又来到了商场，小王心里认定，顾客肯定是来购买了。小王还想争取到这位顾客，当顾客经过她的柜台时，她面带微笑地说："先生，欢迎光临，这里是××品牌床垫……"可是，还没等她说完，顾客又不耐烦地说："我不要弹簧床垫。"

遇到这种情况，一般的销售员可能会放弃，但小王立刻想到了"情绪四步”四个字，于是几乎与顾客同样的口气说：“先生，你怎么对弹簧床垫这样反感，能说一下为什么吗?”

顾客停了下来，小王马上搬过椅子很和气地说：“先生，我看你对弹簧床垫好像有偏见，请你坐下来，我们聊一下好吗？你的意见将有助于我们改进产品。”顾客也变得和气了好多：“姑娘，你别提了，以前我家里用的就是××品牌的弹簧床垫，夏天根本没法用，又热又不透气，睡着一点都不舒服。马上天就热了，听朋友说棕床垫舒服，因此我想买一个棕床垫。”

小王一听就知道，顾客用的这个品牌技术不成熟，透气性差。接着很同情地说：“先生，真是挺让人窝火的。我们家几年前也用过××品牌的弹簧床垫，也遇过你说的情况。当时，我妈也赌气地说再也不买弹簧床垫了。后来，我们才了解到弹簧床垫经过了几年的发展，产品也更加趋于完善。现在技术领先的厂家都在不断创新，生产出了软硬面设计的床垫，我觉得，在购买时还是应该多了解一下各种床垫，毕竟一用就是十几年。我这里有一些有关软硬面床垫的资料，你不妨拿回家再仔细看一下。”

顾客接过资料后连声地说：“谢谢，姑娘！我再回家商量一下。”过了几天，顾客果真回来购买了这个品牌的一款软硬面设计的弹簧床垫。

人与人相处，必须找出共同点。俗话说得好：“物以类聚，人以群分”。人们之间相似之处越多，彼此就越能接纳和欣赏对方。那么，如何建立自己的亲和力呢?

方法一：情绪同步

所谓情绪同步就是，在情绪和注意力上与沟通对象处于同一个频率的状态。如果顾客谈起事情来很正式，不苟言笑，你也要像他一样；如果顾客比较随和，并且爱开玩笑，你在情绪上也要和他一样活泼，比较自然。

情绪同步会让对方感觉到，在心理和情绪上你是能够理解他的，他就会有一种被理解、被尊重、被接受的感觉。

方法二：生理状态同步

调查显示，人与人的沟通，文字只占了7%的影响力，另有38%的影响力是由你的语气或音调而来。例如“我爱你”这三个字，用不同的音调和语气说出来，你会有不同的感觉；一个人的肢体语言，占了55%的影响力。一个人的举止动作、呼吸和表情在沟通时所代表和传达的讯息，往往超出他口中所说的话，正是因为这个原因，那些喜剧演员往往说一句没啥意义的话，却能引来哄堂大笑。

当两个人所使用的文字，说话的语气、音调、说话态度，呼吸方式及频率、表情、手势、举止动作这几项都处于一种共同的状态时，自然会产生一种共鸣，会直觉地认为对方与他个性相近，并且产生一种亲切和依赖感。

肢体动作、脸部表情，以及呼吸的模仿与使用是最能帮助你建立亲切感的有效方式。当你和他人谈话、沟通时，模仿他的站姿或坐姿、他的手和肩的摆放姿势、他的举止，对方会莫名地喜欢你、接纳你，会不自觉地将注意力集中在你身上，而且觉得和你一见如故。

方法三：语速语调同步

所谓语速语调同步就是，要使用对方的表象系统来沟通。

所谓表象系统是指，人们在接受外界讯息时的5种接收方式：视觉、听觉、触觉（感觉）、嗅觉和味觉。在沟通上，主要是透过视、听、触（感觉）三种渠道来完成的。由于受到环境、背景和先天条件的影响，每一个人都会偏重于使用某一种感官渠道作为头脑接收处理讯息的主要渠道。

（1）视觉型的人头脑中图像的转换速度很快，为了追上头脑中图像的变化，在说话表达时，说话速度快，音调也较高。他们的呼吸较为短促，说话时胸腔起伏较大，在说话时经常耸肩伸颈。

（2）听觉型的人说话不急不慢，音调平和、呼吸匀称，通常在胃部（横膈膜）处起伏较大，交谈时喜欢把耳朵侧伸过来仔细听。

（3）感觉型的人说话慢吞吞的，声音低沉，说话时停顿时间长（需要去感受及思考），也通常以腹部呼吸。

对不同表象系统的人，要使用不同的语速、语调来说话，要用对方的频率来和他沟通：

——如果对方是感觉型的，想和他沟通或说服他去做某件事，但是却用视觉型飞快的速度跟他描述，恐怕收效不大。相反，如果说话不急不慢，和他的说话速度和音调相同，他就会听得真切。

——如果对方是视觉型的，你却慢吞吞的，不时停顿地说出你的想法，不把他急死才怪。

因此，对不同的人要用不同的方式来说话。如果能够做到这点，对你的沟通能力和亲和力的建立将有莫大的帮助。

方法四：语言文字同步

很多人说话都惯用一些术语，或者是善用一些词汇，例如口头禅。如果你能听得出来对方的惯用语，并也时常用他的这些口语，对方就会获得一种亲切感，听你说话就特别顺耳。

因此，如果你能够使用对方的语言，使用他的音调、速度、声音，和他有55%相同的生理状态，他看到你时会像在镜子当中看到自己一样，自然会对你有好感。

二、渗透力

客户渗透是取得顾客信任的一种途径。对于销售人员来说，了解顾客是非常关键的一步。这里所说的了解不只是知道顾客想要什么产品，而是一种更广泛的了解，即了解顾客的需求、生意目标、财务状况等各个方面。

其实，每个顾客都希望销售人员能够理解他的需求、重视他的需求。从某种程度上来说，顾客感觉的销售人员对自己需求的重视程度与他的购买决心是成正比的。可是，遗憾的是，大多数销售人员虽然知道谁是他们的主要客户，也了解主要客户是做什么的，但是却搞不明白如何运作、如何赚钱等问题。更糟的是，很多销售人员还没有认识到这个问题的重要性，而且对进行这种了解不感兴趣。

彼德·杜拉克三十年前就写道："一家企业的成败取决于客户，而不取决于生产者自己。"尽可能地了解客户的经营情况是企业销售学的本质，这是为客户提供高效服务项目的基础。

需求是由买方做出陈述来表述的一种可以由卖方满足的关心和欲望。客户的需求一般可以分为两种：暗示需求——买方现在状况中的难题、不满或困难的陈述；明确需求——买方的欲望、愿望或行动企图的清晰表达。除非你的产品（或服务）能满足客户的需求或欲望，否则他们是不会购买的。因此，在销售中，有效地开发明确需求是成功的关键。

1. 了解客户的策略目标

目标是企业对特定时间段内其生意指标的描述，一般企业的生意目标无外乎生意量和利润量，这是运营一个企业的全部目的。在大目标下，会有一些较具体的小目标。

战略是企业达到其目标的总体方法。企业根据其所在的市场环境、竞争对手的情况、自身的优势和劣势、目标的挑战程度等来设定本企业要达到目标所必须采取的总体性步骤和选择性方法。

由于受到种种因素的限制，无法把所有事情做到完美，而战略则为企业做出了重要的选择性建议。好的战略可以为下一步的行动方案设定良好的方向。

2. 了解客户的组织架构

每个组织都有自己的架构，组织架构可以告诉你，在销售产品时不必去访问谁，有时还会告诉你必须去访问谁。作为一个销售人员，应该了解客户的组织结构是怎样的，这样你才不会越级或向低层人士销售，并正确地做事。

如果客户只是一个小店铺，那么对它的销售就是对店主的销售，只要了解有关店主的一些个人情况就行了。如果客户是一个大型的组织，那么要想对之进行渗透，就比较复杂了。不仅要了解它的组织架构，还要深入了解其内部各部门的运作过程。

客户对产品的买入，并不只是采购人员的事，买入的过程是一个多方面配合协调的结果。要知道：客户各部门之间如何协调？对你的工作产生主要影响的是哪些部门？你如何去与这些部门打交道？

3. 了解客户的谈判方法和原则

谈判的风格因人而异，但是许多组织都有一些自己的谈判原则和方法。例如，家乐福要求其采购人员在谈判时要遵循的原则是：

（1）永远不要试图喜欢一个销售人员，但要说他是你的合作者；

（2）要把销售人员作为我们的一号敌人；

（3）永远不要接受第一次报价，让销售员乞求，这将为我们提供更好的交易机会；

（4）时时保持最低价的纪录，并不断要求得更多，直到销售人员停止提供折扣；

（5）永远把自己作为某人的下级，认为销售人员始终有一个上级，他总可能提供额外的折扣；

（6）当销售人员轻易接受，或要到休息室去打电话并获得批准，可以认为他所给予的是轻易得到的，进一步提要求；

（7）当销售人员来要求某事时，他会有一些条件足以给予的；

（8）要求建议的销售人员通常更有计划性，更了解情况；要花时间同无条件的销售人员打交道，他们想介入，或者说他们担心脱离圈子；

（9）不要许可销售人员读屏幕上的数据，他越不了解情况，他越相信我们；

（10）毫不犹豫地使用论据，即使他们是假的，例如：竞争对手总是给我们提供最好的报价、最好的流转和付款条件。

作为销售人员，只有了解客户的谈判原则和方法，在谈判中才更好地知道怎样去说服客户。销售人员平时应该注意对客户谈判方法和原则等有关方面信息的收集，这可以通过以前与客户谈判的经验得到，也可以通过调查得到。

三、融合力

赢得消费者的情感就会赢得他们的忠诚，成功的营销都是从情感开始的。消费活动是一种满足需要的活动，它是通过商品的实体购买和使用来实现的。消费者在选购使用商品的过程中，对于符合心意、满足实际需要的产品和服务会产生积极的情绪和情感，它能增强消费者的购买欲望，促使购买行为发生。

这里有个“南方黑芝麻糊”的营销活动案例。

按照一般套路，芝麻作为一种保健食品，都是从黑芝麻的中医药滋补作用上做文章。但南方黑芝麻糊的策划者却大胆跳出了这个圈子，而改用了情感体验的营销诉求，将“芝麻”与“情感”挂起钩来：

黄昏，挑着货担的母女走进了幽深的陋巷，小油灯挂在担子上，晃晃悠悠。小男孩挤出深宅，吸着飘出的香气，伴着木屐声、叫卖声和民谣般的音乐声，走到担子边。画外音：“小时候，一听见芝麻糊的叫卖声，我就再也坐不住了……”小男孩一口气吃完了一大碗芝麻糊，并将碗底舔得干干净净。大嫂爱怜地又给他添了一勺，轻轻地抹去他脸上的残渣。

情感的影响力，心灵的感召力，正是营销人员可以利用的力量。一件能触动情感的产品是能让人记住的产品，了解顾客的情感才能创立品牌和建立业务。

情感在体验营销的所有阶段都是至关重要的，从产品的设计、制造、营销，到研究与开发阶段都是如此，必须融入每一个营销阶段。

在香港“维他奶”的广告中，一位年迈的老人为了买到一盒维他奶，虽然步履艰难，但仍不辞劳苦，越过铁轨，爬上月台，那情景、那背影，就像当年朱自清笔下的父亲。在催人泪下、渐渐远去的背景中，“情系维他奶”五个大字出现在观众面前，成了人们享受亲情体验抹不掉的记忆。

制造情感体验，常用的联系纽带有友情、亲情、恋情。以亲情来说：缘于血缘关系的亲情，如父爱、母爱、孝心等可以说是任何情感都无法替代的。

将产品与情感挂起钩来，就会成为市场上的成功者。因为好的品味或好的业绩只能维持瞬间，而一种好的情感则可以长时间地延续下去。

可是，在融合客户情感的时候，有些问题也是需要注意的。

1. 不要造成资源的浪费

促销的时候，如果将注意力集中在商场的装修及商品的包装等外在的表现形式，忽略了实质性的问题，只会造成社会资源的不必要浪费。

资料显示，多数商品包装过度现象十分普遍。在北京长安大街上的某家商场，一盒包装精美的西洋参礼盒里面，大盒子、小盒子层层都由塑料泡沫垫着，西洋参只有薄薄的一层，体积不到盒子的百分之一，这是商家的浪费，也是消费者的浪费。不要一味为了追求情感，而忽略了实质的东西。

2. 避免情感定位不当

“金利来，男人的世界”是一句耳熟能详的广告语，仅用八个字便把男性消费者的情感捕捉住。广告语告示人们只有性格有魅力的男人才有资格加入男人的世界，象征着男人为事业拼搏的精神。“金利来”仅同男人有关，为男性所专有。于是，追求“金利来”便成了男人追求个性的体现。

可是后来，伴随着女性消费品的走俏，男士消费品市场的饱和，“金利来”为了自己的名牌扩展战略，同时为了获取女士消费者的市场，又向市场推出了女式皮包和饰品，使“金利来”不再是“男人的世界”。这样，就严重损害了那些追求男人个性和男人事业的消费者的情感。

在这之前，“金利来”之所以能够取得成功，主要是因为它把握住了男性消费者追求事业的情感因素；可是，后来“金利来”推出了女式用品，使“金利来”变成了一个不男不女的形象，男人个性显现的自豪感消失了。这样，不仅让“金利来”失去了原本已经占领的市场，也失去了原有的利润源。这是所有品牌应吸取的深刻教训。

目标消费者的准确定位是情感营销的第一步，找到商品与顾客的情感沟通的纽带，只有进行准确的定位和有分寸的“切入”，才能使消费者持续不断地感受心灵的冲击，潜移默化地影响顾客的心理，全力激发其潜在的购买意识，达到“润物细无声”的作用。

3. 不要形成不良的社会风尚

随着市场经济的繁荣，人们生活水平的提高，品牌的感性层面正越来越受到消费者关注，成为他们评价商品的依据。

商品，不仅满足了消费者的生理需求，还可以满足他们的心理需求。精神利益可以使消费者找到感情的寄托、心灵的归宿，用当代人最流行的一句话讲，叫做“花钱买感觉”。

青少年一代是在品牌时代下长大的，在他们的心里，名牌代表着一种风尚、一种品位。如果片面地让消费者产生一种品牌概念，会给青少年一代灌输讲名牌、爱攀比、赶时髦而不注重自身素质培养的不健康的思想，对社会的道德风尚和精神文明建设产生消极影响。

4. 避免使商场的手段形同虚设

顾客是商品的生命之源，“以客为尊”的经营理念是商品服务于顾客最基本的动力。

“坚持顾客第一”的原则是市场经济的本质要求，也是市场经济条件下商品争取顾客满意、掌握市场主动权的法宝。但以破坏商品的原则和行为规范来迎合顾客以达到满足顾客需求的行为，不但不会满足顾客需求，反而会使商品陷入进退两难的境地。

第三章

定位就是定人心

——无品不立，非特不远

我们一面讲这是一个多元的世界，一面巴不得所有的人都性格开放到是业务精英；一面讲着这是一个弱肉强食的现实社会，一面巴不得别人都对自己好一点；一面用绩效考核来创造成功学的机器，一面想用无为而治表现人文智慧；一面想品牌是个年龄跨度很大的万人迷，一面又想品牌低调奢华有内涵。人类的这种分裂式世界，取决于其所处的状态，而品牌必须亮出自己的观点，所以对品牌而言，最好的现在就有最好的未来，没有其他。

做广告的目的

企业为什么要做广告？做广告的目的是什么？打产品知名度，或者打企业知名度？如果这样想，那就错了。做广告的目的是给产品注入你想要赋予它的精神。

举个例子，你牵一条狗出去，你敲一下铃，它没有反应，给它吃块牛排它就会有反应。你对这条狗做100次实验之后，你一敲铃它就会流口水。通过100次的广告，这个铃声中已经注入了牛排的精神。

今天，大多数的年轻人穿什么牌子的运动鞋？耐克、阿迪达斯。其实，耐克的运动鞋都是我国生产的，比如：广东东莞的裕元工业就生产耐克和阿迪达斯的运动鞋，为什么不买外观和质量都一样的裕元，而买耐克呢？因为耐克的运动鞋注入了运动精神，而裕元没有。

现在，我们就以耐克为例，看看它是如何把运动精神注入运动鞋中的。迈克尔·乔丹是耐克的代言人，他穿着耐克运动鞋拿了冠军，他所表现出来的是精湛的技术、卓越的运动精神。

第二次广告也是一样的。迈克尔·乔丹穿着耐克运动鞋拿冠军，广告看了100次之后，消费者就跟被牛排训练过的狗一样了。从此以后，运动精神的感觉就被注入运动鞋里了，消费者花几倍的钱买一双鞋就是为了这种感觉。

为什么做广告？就是要把你想赋予产品的精神，比如：文化精神、运动精神或者牛排精神等注入产品，你就成功了。因此，要想把产品卖得更好，除了像过去一样提高外观、性能或降低价格外，还要通过广告把握你的行业本质，把产品所要表达的行业本质精神注入产品中去，提高性价比。

对于消费者来说，以前可能一年要买5双运动鞋，现在经济萧条了，只能买一双运动鞋，他定然会选择高性价比的运动鞋，而注入了运动精神的运动鞋，其性价比就会提高，因此自然容易被选中。

2009年2月18日，全球最大的运动鞋和服饰制造商耐克公司公开表示，将在我国东部建立一个亚洲最大的物流中心，投资额约为9900万美元，规模是亚洲第三。可见，耐克对我国市场的前景还是十分看好的。

2008 年美国金融海啸席卷全球，经济发展放缓，购买力下降。虽然在经济危机的大背景下，耐克公司也不可避免地受到了金融危机的冲击，赢利大幅减少，但是，耐克却能够逆市增加在华投资，对我国市场充满信心。数据显示，2008 年，耐克在我国已有 4000 多家门店，耐克在华销售额超过 11 亿美元，同比增长逾 50%，远高于其在亚太地区的平均增长率，而这些业绩无不与耐克的成功宣传息息相关。那么，耐克的广告宣传为什么如此成功?

耐克的形象代言人是刘翔，它的广告把耐克的行业本质——运动精神注入到了运动鞋中，耐克的运动精神是“Just Do It”，翻译成中文就是“发挥潜能”。

这样的广告是经过深思熟虑的。跨国企业到我国来，基本上都不会使用我国的广告公司，因为国人不知道怎么做广告，很多企业老总都认为做广告的目的就是要打企业知名度，要打精神，比如：运动器材就要打运动精神。

耐克的广告太棒了!

首先，看看国人对体育的态度。我们是一个非常矛盾的民族，一谈到体育我们既自大又自卑。自大什么? 我们太伟大了，北京奥运会拿到 51 枚金牌。可是，即使我们拿到 51 枚金牌，欧美各国也从来没有真正把我们当成体育大国，为什么? 田径项目不行! 一谈到田径比赛，我们就有点儿自卑。

耐克看到我们又自大又自卑，于是就弄了个广告——“发挥潜能”，刘翔的成功的确是我们发挥潜能的表现。就这样，耐克通过广告把行业的运动精神传达给了消费者。

代言人与产品精神要匹配

为了提高品牌的影响力，很多企业都会聘请形象代言人。可是，却忽视了代言人和产品精神的匹配性。

1962 年美国人菲利普·奈特创建了耐克这个品牌。耐克从一双运动鞋开始做起，白手打天下，成为今天全球最著名的体育用品制造商。耐克的成功与它精准的定位、到位的宣传是分不开的。从 20 世纪 70 年代开始，耐克开始采取积极进取的市场活动，签约顶级运动员。1985 年重金聘用迈克尔·乔丹为代言人，1996 年又以体育史上最昂贵的广告合同签下了高尔夫球王老虎·伍兹，可以说，耐克公司是名人营销做得最为成功的企业之一。

在体育用品行业，我国的自有品牌越来越多，其中也不乏成功的个例，但是和耐克、阿迪达斯等一些著名的国际品牌相比，我们的企业还有很大的差距。那么，广告宣传上的差距到底在哪里呢？

李宁牌运动鞋，开始的时候请瞿颖做代言人。瞿颖是个名模，不是运动员，运动鞋找非运动员来代言，确实也有创造性。但是瞿颖很有名，她可以提升产品知名度，唯一加不了的就是运动精神，因为她不是运动员。找一个能够提升产品知名度却加不了运动精神的人来当形象代言人，结果会是什么？1999 年，李宁的销售额跌落下来。

之后，大家才发现，问题在于运动精神。2003 年，李宁找足球明星李铁当代言人。李宁的运动精神是“一切皆有可能”。可是，李铁加盟英超之后的表现大失水准，其做代言人马上就没有感觉了。2006 年，李宁又找了另外一个 NBA 的球星奥尼尔。

奥尼尔非常勇猛，像鲨鱼一样，外号“大鲨鱼”。他确实不错，篮球打得很好，可是，消费者看到奥尼尔会想到李宁吗？奥尼尔是不错，但是他表现出来的勇猛和霸气不是李宁的形象，李宁是搞体操的，身材健美，长得漂亮。可是，他找的形象代言人不对，因此做不好。

更有意思的，在 2006 年李宁开发出一款新型的运动鞋，叫做减震运动鞋，广告词是“减震，还看李宁”。如果是请刘翔来做广告，一定是刘翔跑到终点，拿了冠军，双手一挥，从脚上把鞋子脱下来往天上一扔，“减震，还看李宁”。什么感觉都没有了。这就是很多企业做的广告，这就是为什么外国品牌企业进入我国之后基本不找我国广告公司的一个重要原因。

在我国的体育用品行业刚刚起步时，很多国内企业都在刻意模仿耐克、阿迪达斯等国际知名品牌。可是，这种模仿仅仅停留在复制明星代言的营销方式上，其结果可想而知。各个体育品牌都争先恐后地邀请明星做代言人，很少有人会考虑到这个明星的形象是否与产品的定位相吻合。在大批的明星“轰炸式”的代言后，消费者越来越感到审美疲劳，他们对明星代言的产品也显得无动于衷。

作为我国体育品牌的老大，“李宁”也一直尝试着提炼自己的品牌精神，从最早的“我国新一代的希望”到“把精彩留给自己”，到“我运动我存在”

“运动之美世界共享”“出色，源自本色”，再到现在的“一切皆有可能”，一直都在积极探索。

对于企业来说，要想有所突破，最重要就是进行思想突破！

从战略的角度思考品牌定位

一、“第一”胜过“最好”

市场领先法则告诉我们，“第一”胜过“最好”！创造一种新产品，在人们心中先入为主，比努力使人们相信你比产品首创者能够提供更好的产品要容易得多。当我们无法成为第一时，就应该思考如何变相地成为另一区域的第一。

所谓品类营销是指，确定产品组成小组的类别，并在原有的产品类别中，开辟一个新的领域，然后命名这个领域，把所开辟的新领域作为“新品类”来经营，把自己的产品作为这个新品类的第一个产品来经营，首先在自己开辟的市场中独占独享。

在当今产品同质化、竞争手段同质化的大背景下，巧用品类营销可以使你超越竞争，最终扩大市场份额，成为新产品领域内占有率第一的重要手段。

在当今全球经济一体化的时代，品牌浪潮席卷整个世界，品牌影响并决定着消费者的购买行为，但先于品牌的是品类的定位与选择。比如，当消费者因口渴产生购买一瓶饮料的欲望时，通常会先考虑购买可乐、纯净水、绿茶、果汁，一旦确定了要购买可乐，他就会说出自己心智中代表可乐品类的名字，比如：可口可乐、百事可乐、非常可乐等。

因此，从表面上看，消费者经常会指名购买某个品牌，但真正引起消费者购买欲望、推动他做出购买决策的并非品牌，而是品类。只有在消费者决定了品类之后，才会说出该品类的代表性品牌，消费者的这种行为特征可以被称为“用品类思考，用品牌表达”。

在实际的市场营销中，这种用品类占据市场主动的案例比比皆是：喜之郎是第一个在消费者心智中建立果冻品类认知的品牌。在喜之郎之前，果冻市场已经有很多区域性品牌，但都没有进入消费者心智。于是，喜之郎依靠一个好的名字和特有的公关传播，抢先占据了果冻这个品类，一度拥有60%以上的市场份额。

统一鲜橙多在果汁企业相互争抢并都自我标榜纯果汁概念时，默不作声地开创了PET瓶非纯果汁饮料品类，结果产品刚一面市，立即火爆异常。

华龙集团在方便面市场凭空开辟出一个“弹面”市场，以年销售60亿包的战绩一举实现了从农村到城市的品牌升级和战略转型，把统一挤在了后面。

四季沐歌通过市场调查开辟了一个“活水芯”太阳能热水器，从卖热水器到卖水、卖健康的水，这一好的卖点既反映了消费者的根本需求，又反映了产品自身的特征，还与竞争者形成了差异化的区隔，一举扩大了自身的市场份额。

酒类产品中，青岛啤酒策划了“原生”啤酒，而“原生”概念则非常准确地发现了一群对绿色生活、对纯净、对原生态有着高要求、高渴望的人群。因为对目标群体发现准确，产品刚一上市，就得到了目标群体的热烈追捧，使“原生”成为啤酒中继“纯生”品类之后的又一细分品类。

大量的事实告诉我们，在市场竞争白热化的今天，广告战、价格战、促销战已经不是“通吃法宝”，品类竞争、品牌竞争才是关键。事实告诉我们：“第一”胜过“更好”。

品牌是消费者心智中代表品类的名字，因此创建品牌的第一名选择就是开创一个新品类。因为一旦你成为品类的开创者，也就具有了先入为主的优势，创造出了 种新产品，开创出了一种新品类；在人们心目中先入为主，比起努力使人们相信“你的产品比创始者产品更好”要容易得多。而且，竞争对手在追赶你时必然需要付出更大的代价。

同时，新品类产品是一个“新概念”，产品自身已经携带有鲜明、独特、有记忆点等信息，会大大降低市场推广费用。因此，当企业的产品并非市场中的领袖产品时，完全可以换个思路，在原有产品类别上改变一下策略，创造一类能使你成为市场“第一”的产品品类，通过有效的公关传播与推广，促进新类别产品的品牌增长，扩大市场空间。

二、抢先深入人心胜过抢先进入市场

有人说，世界上最早的个人计算机是牛郎星 8800，并不是 IBM 公司制造的。根据抢先战略，牛郎星 8800 应该是当今计算机领域的第一品牌。但是不幸的是，牛郎星 8800 早已从这个世界上消失了。世界上第一台电视机、第一台洗衣机也都没有在市场上生存下来。难道，前面所讲的抢先战略错了吗？不是！而是因为他们没有抢先进入人们的心里！是抢占大脑战略改变了它们的命运。

抢先是指，抢先深入人们的头脑，而不是抢先进入市场，抢先进入消费者的头脑比抢先进入市场更重要。市场竞争不是产品之争，而是抢占消费者大脑之间的竞争。抢占大脑战略是对抢先战略和细分市场战略的说明和补充。无论是抢先战略，还是细分市场战略，首先强调的都是第一个抢先进入人们的头脑，抢先深入人心胜过抢先进入市场！

世界上第一台大型计算机虽然不是由 IBM 制造出来的，但制造第一台大型计算机的公司并没有经过有效的市场营销而在人们的心目中生根，而 IBM 制造的大型计算机却经过大规模的市场营销活动首先深入人心并在人们的头脑中抢占了第一的位置，所以它成了计算机市场上真正的“第一”。

很多富有创新精神的企业家之所以会失败，就是因为他们没有遵循这条战略。他们中的很多人都有创新意识，可是却没有将这些创新植入消费者的头脑，最终归于失败。那么，如何抢占大脑呢？

要想首先深入人心，最关键的是要在消费者还没有对你形成印象之前以迅雷不及掩耳之势迅速进入人们的头脑。这句话包含两个方面的基本意思：①要快，这是由消费者的心理接受方式所决定的，如果想给消费者留下深刻的印象，就不能用很长的时间慢慢地影响消费者，必须以急风暴雨式的方式迅速进入消费者的头脑；②要在消费者对你还没有形成任何印象之前进入他们的大脑，因为消费者一旦对你形成了某种先入为主的印象，再去改变就难了。

在市场营销中最为徒劳的就是试图改变消费者既有的观念，正确的做法应该是攻其不备，出其不意。

王安公司是世界上第一台文字处理机的制造商，并以文字处理机公司深入人心。后来计算机取代了文字处理机，王安公司转而进入计算机领域。可是，王安公司是一家文字处理机公司的概念已经深入人心了，所以当它转产计算机之后，虽然花了几千万美元来宣传计算机，但是消费者仍然把王安公司当作是一家文字处理机公司，计算机概念没能深入人心，王安公司就这样破产了。

王安公司虽然花费了大量金钱，但依然没有改变消费者心目中先入为主的观念。

施乐公司是最先生产复印机的公司，以复印机形象深入人心。后来施乐公司也试图打入计算机行业，历经25年，投入了20亿美元，但是施乐在计算机方面依然一无所获，反而差点把整个施乐公司拖向深渊。

如何在消费者对你的印象还没有形成之前以最短的时间和最少的投入迅速抢占消费者的大脑，从而深入人心呢？这里有两个很重要的原则：一是要出奇制胜；二是要顺势而为。

1. 出奇制胜

出奇制胜的例子很多，现在我们就以农夫山泉来说明。

农夫山泉推出新产品——天然水的时候，为了一炮打响，便召开记者招待会，向媒体宣布：经实验证明纯净水对健康无益，农夫山泉从此不再生产纯净水，而只生产天然水。农夫山泉的根据是：纯净水纯净得连微量元素都没有了，而微量元素是人体健康必不可少的。

此言一出，娃哈哈、乐百氏等全国纯净水厂家纷纷站出来声讨农夫山泉，结果农夫山泉要推出天然水的消息越炒越大，广为人知，产品还没有推出，就已被炒得沸沸扬扬了。但是，面对全国同行的同声反对，农夫山泉不仅未有所收敛，反而变本加厉。

不久，它又推出了用意更明显的广告：一群小学生在做实验，分别用纯净水和天然水来养水仙花。几天后，用天然水养出的水仙花似乎长得更茁壮。最后，实验得出这样的结论：天然水好于纯净水。

除此之外，农夫山泉还在全国范围内举行活动，召集全国小学生参加一项比较实验：将金鱼、大蒜分别放入纯净水与天然水中，然后观察其存活和发育状况；分别用这两种水泡茶，观察24小时茶色的变化。

面对着这一场突然发自水面的波澜，新闻媒体自然是不遗余力地争相报道。在报道中，同样地也加进了一些渲染的成分。很快，事情就演变成一场纯净水和天然水之间的大战。

消费者在宁可信其有不可信其无的自我保护意识下对饮用纯净水产生了心理恐慌，一些分销商及终端超市开始拒绝纯净水的进入。

2. 顺势而为

出奇制胜，顺势而为，能够更好地抢占大脑，深入人心。但是，抢占大脑，抢的是什么？抢的是人们头脑中的观念，深入的也是某种观念。可以毫不夸张地说，市场竞争不是产品之间的竞争，而是争夺消费者头脑中的观念之间的竞争。比如:《学习的革命》《富爸爸穷爸爸》《谁动了我的奶酪》成为畅销书也是顺势而为的结果。

到1998年，我国传统的教育和学习方法越来越受到质疑，越来越引起社会的关注和有识之士的探讨，正是在这种大势之下，一家当时还名不见经传的教育软件公司——科利华，以迅雷不及掩耳之势，投资一亿元广告费，使《学习的革命》的发行量达到1000万册之巨，借此科利华一炮打响，借壳上市，收购了一家钢铁公司——阿城特钢。

21世纪，下海经商、自主择业的观念深入人心，发财成为人们普遍的愿望，人不仅有智商，而且还有情商的观念正在流行，财商理念呼之欲出。《富爸爸穷爸爸》顺应了这一大势，及时推出了财商理念，将《富爸爸穷爸爸》炒成了畅销书，仅仅花费了总共不到80万元人民币，却实现了超过100万册的发行量，成了家喻户晓的畅销书。

2001年以来，“与时俱进”成为我们的官方语言，变化的观念成为时代的大势，《谁动了我的奶酪》正好讲述了一个要顺应时代变化，寻找新的奶酪这样一个寓言故事。这种寓意顺应了时代的主旋律，因此当这本书在我国推出之后，很快就引起了中央电视台对话栏目的兴趣，通过对话栏目请出了一大批有名的企业家谈奶酪，论变化，结果这本书很快就成了畅销书，发行达到了几百万册，“奶酪”成了一个时代的流行语。

三、差异化的定位品牌

可口可乐和百事可乐是饮料市场无可争议的顶尖品牌，在消费者心中的地位不可动摇，许多新品牌无数次进攻，均以失败而告终。可是，七喜却以“非可乐”的定位，成为可乐饮料之外的另一种饮料选择，不仅避免了与两种可乐的正面竞争，还巧妙地从另一个角度与两种品牌挂上了钩，使自己提升至和他们并列的地位，稳坐了市场第三把交椅。

由此可见，七喜的成功主要是“品牌差异化定位”的成功。

所谓品牌差异化定位指的是，企业对自身产品在特殊功能、文化取向和个性差异上的商业性决策，是建立与众不同的品牌形象的过程和结果。

品牌差异化定位的目的就是将产品的核心优势或个性差异转化为品牌，满足目标消费者的个性需求。成功的品牌都有一个差异化特征、有别于竞争对手的、符合消费者需要的形象，然后以一种始终如一的形式将品牌的差异与消费者的心理需要连接起来，通过这种方式将品牌定位信息准确地传达给消费者，在潜在消费者心中占领一个有利的位置。

品牌如何进行差异化定位？可以通过下面几个步骤进行。

1. 目标消费者检析

在进行品牌差异化定位时，必须借助消费者行为调查，了解目标对象的生活形态或心理个性化需求，明确消费者期望从品牌中得到什么样的价值满足。

企业必须站在消费者的立场上来分析产品趋向，以此来找到切中消费者需要的品牌利益点。思考的焦点要从产品属性转向消费者利益；用于差异化定位的利益点选择，除了产品利益外，还有象征意义上的利益。

2. 竞品定位诉求检析

进行品牌定位的时候，不能忽视了竞争品牌的品牌诉求。同属一个品类的产品，如果在挖掘 USP 时，都锁定在了某一个点上，那么一个新品牌定然会陷进品牌诉求的“红海”之中。在这个信息过剩的时代里，没有差异诉求的品牌是很难被消费者所记住的，更不用说会引起消费者的购买了。企业必须从“红海”跳出来，在“蓝海”中遨游，寻找与竞争产品的差异。

3. 产品核心优势检析

在品牌定位时，SWOT 分析至关重要。要把核心优势这把利剑深深地插入机会里，对产品的核心优势进行精练；同时，赋予一个区别于竞争品牌的“记忆点”；然后，全力释放这个“记忆点”，让“记忆点”与目标消费者进行对话，从而占据目标消费者的心智。

与众不同，品牌命名及CI设计的艺术

一、Yahoo！——与众不同的酷

Yahoo！（雅虎）是美国著名的互联网门户网站，在全球共有25个网站，13种语言版本，覆盖2.37亿用户，是世界上最具知名度和价值的互联网品牌之一。

雅虎的公司起名故事十分有趣。一开始，杨致远和大卫·费罗把它命名为“杰里和大卫的万维网向导”，可是，他们对这个笨拙而又冗长的名字不甚满意。

1995年的一天晚上，两位创办人用“ya”这个词来翻查韦氏词典，想为他们创造的搜索引擎起个有趣的名字。他们选择名字的标准是，越好笑越好，越好玩越好。他们曾设想过很多可能的名字，比如：Yauld、Yammer、Yardage等。突然，费罗发现了“yahoo”这个词，并且对这个词情有独钟，因为在他小时候，他爸爸总是叫他“Little Yahoo”（小粗汉）。

他们查看词典中“yahoo”的解释，发现这个词出自斯威夫特的小说《格利佛游记》，指的是一种粗俗、低级的人形动物，具有人的种种恶习。很显然，这个词有点不雅。但他们转而一想，把公司起名为“Yahoo”，虽然有点开玩笑，但是自嘲自讽的作风盛行于网上，这个名字会显得比较特别、与众不同，是一个好名字。于是，他们一致决定将公司命名为“yahoo”。为了增加褒义色彩，他们还特意在“yahoo”的后面加上了惊叹号，以表示发现“野人”的吃惊，即“yahoo！”。

在后来的一次采访中，杨致远是这样解释雅虎命名的：“那时，我们建立网站完全是出于兴趣和好玩，没想到会有今天的成功，所以也就没怎么当真。既然如此，为什么不起个好玩一点的名字呢？《格列佛游记》中的‘yahoo’，是没有文化、没什么水平的野人，正事不做，游手好闲，没什么水平，于是

我们也自嘲为‘yahoo’。”

雅虎的命名故事表明，如果名字非常有趣、有幽默感，或者名字有特色、非同寻常，通常就是好名字。这样的名字能够吸引人们的注意力，唤起人们的好奇心，从而让人难忘。

二、奔驰的品牌策略——品牌即资产，资产即品牌

梅赛德斯－奔驰是一个德国汽车品牌，被认为是世界上最高档的汽车品牌之一，其完美的技术水平、过硬的质量标准、推陈出新的创新能力，以及一系列经典轿跑车款式令人称道。在国际上，该品牌通常被简称为梅赛德斯，而我国内地称其为“奔驰”，台湾译为“宾士”，香港译为“平治”。

1900 年 12 月 22 日，戴姆勒汽车公司向其客户献上了世界上第一辆以梅赛德斯为品牌的轿车，奔驰汽车就成为汽车工业的楷模。今天，其品牌标志已经成为世界上最著名的汽车品牌标志之一，100 多年来，奔驰品牌一直是汽车技术创新的先驱者。

1886 年 1 月 29 日，两位德国人卡尔·奔驰和戈特利布·戴姆勒获得了世界上第一辆汽车的专利权，标志着世界上第一辆汽车诞生。随后这一天就被人们称为“汽车诞生日”。

一百多年过去了，奔驰汽车早已度过了它的百岁寿辰，而在这一百多年中，随着汽车工业的蓬勃发展，涌现出很多汽车厂家，但最终不过是昙花一现。悠悠百年岁月，只有奔驰、标致、福特和斯柯达四家车厂经历岁月洗礼而存活下来。

1909 年，戈特利布·戴姆勒为三叉星标志申请专利权，但奔驰则属于一个圆形徽章。戈特利布·戴姆勒的标志来源于戴姆勒给他妻子的信，他认为他画在家里房子上的这颗星会为他带来好运，这颗三叉星还象征着奔驰汽车公司向海陆空三个方向发展。

1909 年，戈特利布·戴姆勒先生为了纪念他的车大批量生产，将三叉星内的齿轮图案改为月桂枝，以示胜利。而标志内的“梅赛德斯”则取自其在奥地利的汽车经销商埃米尔·耶利内克美丽女儿的名字。“梅赛德斯”在西班牙语中有“幸运”的含义。

1909 年 6 月，戴姆勒汽车公司申请登记了“三叉星”作为轿车的标志，

象征着“陆上、水上和空中的机械化”。1916 年在它的四周又加上了一个圆圈，圆的上方镶嵌了四个小星，下面有 Mercedes（梅赛德斯）字样。

奔驰的标志最初是 Benz 外加月桂枝环绕。1926 年，戴姆勒与奔驰合并，星形的标志与奔驰的月桂枝终于合而为一，下有 Mercedes－Benz 字样。后来，又将月桂枝改成了圆环，并去掉了“Mercedes－Benz”字样。

随着这两家历史悠久的汽车生产商的合并，厂方再次为商标申请专利权。此圆环中的星形标志演变成了今天的图案，一直沿用至今，并成为世界最著名的商标之一。

让三叉星徽在全球闪耀，是梅赛德斯－奔驰一百多年来的梦想，更是其永不放弃的追求。历经百年的发展，梅赛德斯这一名称已经成为世界最具创新性汽车品牌的代名词。自从 1900 年 12 月 22 日戴姆勒汽车有限公司的首辆梅赛德斯汽车问世以来，经过不懈努力，如今已经发展成为世界最大的国际汽车企业之一——戴姆勒股份公司。

在全世界，梅赛德斯－奔驰这一品牌拥有近数百万名忠实顾客，他们拥有上千万台梅赛德斯－奔驰汽车。这些人之所以不愿意驾驶任何其他品牌的汽车，是因为他们对梅赛德斯－奔驰的传奇充满敬仰，对梅赛德斯－奔驰不断改写的最新篇章情有独钟。

这一传奇是通过历经百年的不懈创新和技术领先的成就不断积累而成。不论是汽车应用的柴油机、安全车身、防抱死制动系统、安全气囊、电控车辆稳定行驶系统、主动悬挂控制、制动辅助系统，还是电子感应制动系统、预防性安全系统 PRE－SAFE、夜视辅助系统、7 速自动变速器 7G－TRONIC……不管再怎么创新，映入消费者脑海的还是创始人的名字：梅赛德斯－奔驰。

今天，这一领导者能向市场提供数十种不同汽车系列，包括一百多款不同车型——几乎涵盖了所有的豪华车细分市场。

三、蒙牛——金牌“特仑苏”牛奶

特仑苏是蒙语，就是“金牌牛奶”的意思。它的奶源地是北纬 40 度，自然条件很好，是优质奶源地，产出的牛奶经过严格加工，营养价值高，品质优越。

1. 时势造英雄

蒙牛特仑苏牛奶的成功，不是偶然的，与当前整个社会经济发展状况有着密切的联系。

改革开放以来，我国经济进入了发展的快车道。同时，我国消费市场快速、稳定发展，城乡居民收入水平和可支配收入水平不断增长，居民的购买能力也不断增强，高端消费人群大量涌现，他们对生活的理解和追求发生了很多变化；他们越来越重视健康，重视家人，重视精神生活、家居环境等方面的追求；他们希望时刻保持年轻的心，并积极进取、完成自己设定的人生目标；他们注重个人品位，金钱只是生活品质的基础，精神层面的满足更为重要。

同时，他们对饮食、生活的关注也发生了巨大的变化，追求健康、合理的膳食成为一种潮流。高端消费人群对食品的需求，已经远远超过了对基本功能的满足，更多地体现出了个人生活品质、个人价值和品位。

与巨大的高端市场形成强烈反差的是，我国虽然早已成为仅次于日本的亚洲第二大乳制品市场，但是我国的高端奶产品依然是市场空白，牛奶产业大部分都是中低端产品。

在激烈竞争和中低端定位的联合作用下，资料显示，2005 年我国只有不到 1/4 的乳品企业有些微利，绝大多数企业处于收支平衡和亏损状态。乳品企业在经历过纯奶竞争、酸奶竞争后进入了一个非良性竞争状态。现在的奶价已经远远低于其产品价值且已触底，恶性竞争环境，非但没有赢得更多的消费者，反而让企业的利润大幅受损。

低端奶市场竞争越来越激烈，价格透明化，利润降低，奶企有些疲于应战。整个牛奶市场的平均利润率在 5% 左右，低档牛奶产品仅有 2% ~3% 的利润，而高端奶产品的利润率则可以达到 30% 。因此，在这种局面下，蒙牛推出了高端奶制品——特仑苏，率先进入到高端奶制品的蓝海市场。

2. 产品力最关键

作为高端奶制品，特仑苏一经面世，就获得了市场的普遍欢迎和如潮好评。特仑苏是如何做到这一切的？打造超强的产品力是它成功的第一步，也是最为关键的一步。

奶制品产品力的塑造，无外乎对奶源的控制、对生产环节的控制等。特仑苏也正是通过对这些方面的精确控制，才造就了这样一杯好奶。

（1）产地优势

蒙牛之所以能够获得长足发展，在很大程度上是因为内蒙古具有天然牧场的优势。在大家的印象中，只有那里出产的牛奶才是正宗的。而特仑苏更是来自内蒙古的乳都核心区，因此，它的奶源是精品中的精品。

内蒙古呼和浩特是我国的乳都，林格尔是呼和浩特的高科技乳业基地，被誉为“乳都核心区”。特仑苏35万亩的天然有机牧场位于北纬40°左右的优质奶源带，这里海拔高达1100米，年日照近3000个小时，昼夜温差大，牧草天然物质丰富；独特的生态环境，使得这里的溪水纯净而甘甜；在牧场的土壤里，蕴藏着多种矿物质和微量元素。在特仑苏每百克原奶中，含有的天然优质乳蛋白高达3.3克，正是从这片肥美的专属牧场开始的。

（2）奶牛品种优势

好奶还需好奶牛，有了优质的奶牛才能生产出优质的好奶。在这块天然草场上，放养的全是世界上最著名的奶牛品种，它们适应能力强、生病少、产奶品质高等。这些奶牛出身“豪门”，是育种指数世界排名前100位公牛的后代，绝大部分都是奶牛中的精品。

（3）优质的牧草

这块草地上的牧草都是从加拿大、澳大利亚、美国、新西兰等世界牧业发达的国家引进来的优质牧草。比如：加拿大紫花苜蓿、澳大利亚乐食草、美国蛋白草、新西兰菊苣草等世界优良的牧草品种。这些牧草的共同特点是蛋白质含量高、口感好、富含奶牛生长所需的多种微量的营养元素。

（4）世界先进的智能化挤奶设备

蒙牛采用了先进的智能化挤奶设备，包括：美洲牧场最好的“并列式”挤奶平台、澳洲牧场最好的“转盘式”挤奶设备等。这些世界最先进的设备，可以让挤出来的奶的品质保持在最佳的水准上。

实施了上面的一些方法，就最大限度地保持了奶源的最优质，在生产加工环节中，为了确保特仑苏的高品质，蒙牛也是采用世界上最先进的设备，包括：AGV自动导引车、日本纸箱自动输送系统、利乐灌装机、意大利均质机、世界先进的净乳机等。一条特仑苏生产线的造价就高达五六千万元。

这些世界领先的生产设备，最大限度地保证了特仑苏的产品品质。比如：均质工艺采用的意大利均质机，被称为是均质机中的“法拉利”。经过它处理后，特仑苏牛奶中脂肪球大小均一，分散均匀，每一滴特仑苏牛奶都具有相同的细腻，口感醇香。

CI 设计的差异性、同一性与稳定性

一、产品之争 VS 观念之争

观念竞争战略进一步告诉我们，我们创造的第一、我们创造的新产品、我们深入人心的都是产品在消费者头脑中形成的观念，只有产品在消费者头脑中形成观念才是最重要的，它与产品本身是两回事。基于消费者头脑中的观念的战略才是正确的战略，而以所谓的产品“事实”为依据的战略经常是错误的。观念胜过事实！

1. 观念胜过事实

正确的市场竞争或人生竞争战略，只有紧紧围绕消费者的观念进行，消费者对你或你的产品的观念才是最重要的。

单纯地说“我的产品最好”是无意义的，要让消费者认为“你的产品是最好的”！如果消费者并不认为你的产品是最好的，你硬说“我的产品是最好的”也没有用。如果你说你是第一，但消费者认为你不是第一，你只是第二，那你就是第二。企业必须承认这个现实，然后以这个现实为基础展开营销或竞争，如此才会有效。

众所周知，巩俐是我国的影后，如果你说：我比巩俐演得还要好，我才是真正的影后；并开出比巩俐还高的片酬，一定会引来哄堂大笑。因为人们不认为你是影后，即使你确实演得比巩俐好，真的应该当影后，也没有用。你的这种诉求注定要失败，据此开出的片酬也不可能得到。

民间有很多艺人、歌手、美女，比宋祖英、张惠妹、王菲唱得还好，比环球小姐、世界小姐、超级模特长得还漂亮，但他们一般都不会这样认为、这样去说，否则只能自取其辱，引得哄堂大笑。人们也不会付比明星更高的价钱看你的演出或请你当形象代言人。虽然你的水平或美貌确实胜过明星，

但你确实值这个价！

2. 以“客观事实”为基础的市场战略，其实走入了误区

很多人将企业经营看作是产品间的竞争，他们认为，从长远看，最好的产品终将获胜。

很多人热衷于所谓的市场调查，并将市场调查得来的数据资料或得出的分析结论当作“客观事实”。殊不知，市场调查中得来的数据资料并不是“客观事实”，仅仅是被调查对象头脑中的观念的反映，而调查者所得出的分析结论则更是调查者的一种主观认识而已。

即使你确信拥有最好的产品，可是也不过是你的一种主观认识而已。如果企业以此为依据，信心百倍地投入到市场竞争中，必然会导致失败的境地。

其实，通过市场调查，得来的并不就是真正的“客观事实”。在市场营销中，真正的“客观事实”是不存在，即使存在也不重要，因为一切都要通过在人们头脑中形成观念才能得来。由此可见，基于观念的竞争策略要比基于“事实”的竞争策略可靠得多，有用得多。

很多企业都对自己的认识能力过于自信，总认为自己的认识比别人都正确，比别人掌握了更多的事实，唯有他们认识到的才是真实的、真理的；他们把自己的感知当作事实，试图把这种感知的“事实”强加给别人……其实，这种自以为是的“事实”不过是他们的一种观念而已，以这种所谓的“事实”为基础进行市场营销，也是以他们自己的观念为基础在进行市场营销。没有以消费者的观念为基础进行营销，与消费者头脑中的观念背道而驰，只能导致失败。

3. 一切都是人们头脑中的观念

很多企业、很多人都喜欢以事实为基础，也相信自己掌握着事实。每个企业都会认为自己的产品是最好的，其实，一切事实都要由消费者来认知，以所谓的客观事实为基础的市场营销战略，其实是走入了误区。因为在营销世界里，在人们的头脑中，客观事实是不存在的。

什么是最好的产品？有些企业会说，我们的产品是最好的，你们应该尊重客观事实！可是，你的事实依据是什么？如果是：“我做了很多市场调查得出的结论，专家们也认为我们的产品是最好的。”但是，专家也不过是被他人认作是专家的人而已。

在市场营销中，所谓的客观现实是不存在的，我们每个人，包括生产厂家、经销商、消费者和潜在消费者，都要通过自己的一双眼睛来观察世界。

如果存在客观事实，又是怎样认识的呢？通过各自观察获得。如何估量它呢？只能通过另一个人用不同的眼光对同一事物的认识来得到。因此，在市场营销中不存在客观事实，不存在最好的产品，只有存在于消费者头脑中的观念。只有这一观念是实在的，其他的都不过是幻觉。

4. 改变人们已有的观念是徒劳的

消费者的观念一旦形成，要想再改变是很难的。消费者总是相信自己愿意相信的东西，总是去品尝自己愿意品尝的东西。现在，我们就以汽车为例来加以说明。

在人们的意识中，夏利汽车是一种低档出租车，后来，天汽推出了一款非常漂亮、现代感非常强烈的中档车——夏利 2000，结果却遭到了惨败。原因很简单，因为人们觉得花费十几万元只买了一辆低档的“出租车”不值。

由此可见，人们已经将夏利车定位于三五万元的低档车了，想要改变人们的这种观念是很难的。

海尔最早是以冰箱生产企业而深入人心的，后来，它拥有了包括电视、空调、热水器、手机等在内的 86 大门类上万个规格品种的产品，但是，即使在青岛，消费者依然喜欢购买海尔冰箱，如果要买电视机则会选海信，空调热水器则会选择澳柯玛。

今天，海尔已经成了我国家电业的第一品牌，但直到今天，消费者仍然把海尔看作是一家制造冰箱的专业公司，认为其他的家电品种都不如其他厂家专业。海尔的电视机、空调质量真的不如海信和澳柯玛吗？未必！原因就在于消费者原来的观念太根深蒂固了。

一个人头脑中的观念往往被当作是普遍适用的真理，很少会承认自己犯错误，至少认为自己的思想或观念总是正确的。消费者的思想是很难改变的，有了对某种产品的一点经验，他们就会认为自己是正确的。

奥迪公司曾经开展过一场广告宣传，将奥迪车与奔驰和宝马的同类产品进行比较，德国汽车专家认为，奥迪的质量比奔驰与宝马还好；有人对黄山牌香烟进行了科学检测，结果比中华烟还好，于是便在香港《文汇报》上打出广告说：“黄山第一，中华第二”。消费者会相信吗？大概不会！你相信吗？

不会！真的吗？无关紧要。因为市场营销不是产品之争，而是观念之争！

5. 人们的观念会受周围人们的影响

通常来说，消费者都会将购买决策建立在他人对现实的看法上，而不是自己的看法上。每个人都知道日本汽车比美国汽车质量好，但是大多数人并没有亲身体验过，只是别人都认为日本汽车比美国汽车质量好，他也就这样认为了。

更为常见的是，为了符合他人的观念，个人的经验往往会被扭曲。如果消费者买了一辆日本汽车，质量不行，就会认为自己很倒霉，但仍然会认为日本车质量比美国车好。因为消费者都这样认为：我买了一辆美国车，质量很好，真是好运！但我依然觉得，美国车的质量不如日本车。为什么这样说呢？因为很多人都认为美国车的质量不如日本车。

观念的力量是无穷的！

二、市场定位、产品定位和品牌定位

定位是对预期客户要做的事，在科特勒·泰勒合著的《营销管理》上，是这样定义“定位”概念的：对公司的供应品和形象进行设计，使其在目标顾客心目中占有一个独特的位置。明确了“定位”之后，所有附加在“定位”之前的词语才是造成概念区分的本体。因此如果要针对“产品定位”和“品牌定位”时，就可以把产品、品牌、市场这些词先拿出来解释。

其实，就“产品定位”“品牌定位”“市场定位”三者来说，不仅可以从置于“定位”之前的词语来区分，把各个概念之间的“目标顾客”先界定清楚，也是一个非常重要的步骤。

1. 市场定位

企业的目标顾客到底是谁？是外部普通的消费者，还是企业内部的相关人员？这个问题首先必须得弄清楚。

其实，市场本身就是一个个消费者的集合体，在“市场定位”的目标顾客上，主要还是以内部人员为主，因此“市场定位”是一种为内部沟通服务的概念，以便让内部的策略制定者、参与者和执行者去了解、认知和共识市场态势，比如：宏观市场环境、竞争对手的市场特点、消费者的细分形态和概貌、目标市场的选择、策略的设定等一系列问题。

在“市场定位”上，经常会听到这样一些名词。

领导者定位——如：在目标市场，可口可乐是有选择的大众市场；

跟随者定位——如：在目标市场，李宁是运动类专门化市场；

挑战者定位——如：在目标市场，清扬洗发水是去屑洗发水的专门化市场；

避强定位——如：在目标市场，甲壳虫汽车是小型汽车的专门化市场；

利基定位——如：在目标市场，如家快捷酒店是经济快捷型专门化市场；

重新定位——如：在目标市场，王老吉是凉茶类专门化市场。

这些名词与案例，都是从上面的分析衍生出来的。

2. 产品定位

“产品定位”，解决的是“卖什么”的问题，方法非常多。

“产品定位”所涉及的产品利益、大小、价格、性别属性、包装、颜色、名称、服务、通路、口味、用途、生活形态、效用、独特性、使用者，以及各种竞争产品之间的关系等都是可以单独加以定位并展开。

对外而言，典型的案例有：

利益——奔驰车庄重豪华；

价格——丰田车经济可靠；

用途——海尔滚筒洗衣机的干洗；

使用者——强生婴儿洗发水同样适用成年人；

竞争——百度中文搜索等。

透过上面的“产品定位”，就可以为共识制定的“市场定位”打造出的产品进行定位了。

其实，除了对外的需要，对内还要涉及研发人员的产品研发、包装设计；生产人员对产品线的长度、宽度共识；经销对产品 USP 的挖掘和产品营销组合策略；销售人员对通路的合理布建等方面的整合与指导。

3. 品牌定位

相对于“产品定位”来说，“品牌定位”一般都是针对消费者这样一个目标顾客群体的。因此，最容易与产品产生认识上的混淆。但本质上却是不同的！“品牌定位”解决的是“如何与消费者沟通或传播”的问题。但沟通的方式选择却是由目标顾客即消费者所决定的。

透过品牌的识别管理系统，即 MI—品牌理念识别；VI—品牌视觉识别；BI—品牌行为识别；SI—品牌销售识别等这类企业形象识别系统。依靠这套整体系统去规范化、一致化指导内部系统，而那些围绕品牌的一系列管理要素，才是“品牌定位”与“产品定位”要解决的问题不同之处。

透过附含在其中的讯息的有效接收，消费者会认知到品牌以下的讯息：

（1）品牌独一无二的特色；

（2）累积熟悉感减少购买前的思考时间；

（3）品牌所代表的质量水准；

（4）产生再次购买活动从而累计忠诚；

（5）品牌的相关联想。

这些方面更印证了“品牌定位”与“产品定位”有着完全形式上的不同。要想做好“品牌定位”，就要探究好目标顾客接收讯息的方式方法，并运用合适的传播工具和方式成功实现品牌定位。

三、价值观、愿景、个性的结合

1. 价值观

对价值观的尊重才是最大的尊重。

企业家的精神要通过怎样的演绎才能成为企业的文化，而怎样的企业文化才能作为品牌文化得以让消费者追随。

品牌的大道无形，但是品牌 DNA 不变，品牌的核心价值观，就是品牌的“道”，是通过一些细枝末节的信息点沟通，通过一些对小事物的态度累积，通过对办公氛围的点滴营造所构成，这些都是品牌的道场。

企业对品牌道场的理解，大了讲是对社会关系的处理，小了讲就是企业内部对品牌文化的宣贯。一以贯之，因为我们都知道最价值观的尊重才是最大的尊重。企业的价值观一定是良性的、可持续的、有创造力的观点，为社会、为企业、为员工有所创造和付出的。只有这样的价值观才是品牌的价值观。

2. 愿景

企业愿景，又叫做企业远景，简称愿景、远见，指的是企业家对企业前景和发展方向的一个高度概括，由企业核心理念和对未来的展望构成。

愿景一般都是由组织内部的成员制订出来的，然后由团队进行讨论，获得组织一致的共识，形成大家愿意全力以赴的未来方向。所谓愿景管理就是，结合个人价值观与组织目的，通过开发愿景、瞄准愿景、落实愿景的三部曲，建立起属于自己的团队，迈向组织成功，促使组织力量得到最大化的发挥。

一旦形成了愿景，负责人就要对内部成员做简单、扼要、明确的陈述，激发内部士气；同时，还要将其落实为组织目标和行动方案，具体推动。

通常来说，企业愿景大都具有一个前瞻性的计划或开创性目标，作为企业发展的指引方针。在西方的管理论著中，许多杰出的企业大多强调企业愿景的重要性，因为唯有借助愿景，才能有效地培育与鼓舞组织内部的所有人，激发个人潜能，激励员工竭尽所能，增加组织生产力，提高顾客满意度。

一般来讲，企业的愿景通常包含四个方面的内容。

（1）使整个人类社会受惠受益。例如，有些企业的愿景表达出企业的存在就是要为社会创造某种价值。

（2）实现企业的繁荣昌盛。例如，美国航空公司提出要做“全球的领导者”，就是要谋求企业的繁荣昌盛，员工能够敬业乐业。

（3）使客户心满意足。客户满意是最基础的愿景，因为客户是企业成功最重要的因素，如果客户对企业的愿景不能认同，那么愿景也就失去了意义。

企业不仅是领导者的企业，也是员工、合作伙伴和社会的企业，随着企业的不断发展和壮大，必须经历迈向社会化的过程。

3. 个性

企业个性是指，一个组织群体为实现所从事的活动与目标的需要，在生存和发展过程中不断地迎接自然与社会的挑战，使自身逐渐成长与完善，而形成的具备自身特色的传统、作风、习俗、价值观的共同心理。它构成了鲜明的企业形象，属于企业文化的范畴。

企业个性是企业发展的一种非经济因素，会对企业管理心理活动和组织行为产生重大的影响和制约。企业文化个性的形成过程，是企业家对企业的人格化塑造过程，包含两个方面的含义：一是指企业家把自己的人格特征赋予企业；二是指企业在企业家的引领下产生人格特征。

和普通管理者比较起来，企业家更加具有创新精神。他们可以以卓越的指挥和胆识赢得市场、创造利润，还会为了自己的理想、信念、价值观引导他人，塑造出特有的群体文化，为企业的可持续发展提供精神动力。

企业家对于企业成员的强大影响力，源自两个方面：一是由职位和资历构成的权力影响力，可以让员工产生敬畏感和服从感；二是由品格和才能构成的人格影响力，会使员工产生信赖感和敬重感。那么，企业家怎样才能有效地促使企业人格化呢？

首先，设定企业的动机，赋予企业使命。这个使命应该体现企业家的价值判断和理想观点的，应该是远大和高尚的，应该是能够让人激动的，应该是实际可行的。

其次，企业的人格化过程是求同存异的过程，企业家要识别出和自己志趣相同的成员，把大家团结在自己周围，成为推动企业人格化的核心力量。

最后，要将企业的使命稳定下来，使之成为可操作的阶段性任务，通过行为规则的固定化和制度化加以落实，使关于企业使命的追求，潜移默化地成为企业成员的共有理念。

让人记住品牌的原则

一、品牌品质的联想

品质决定品牌！

一般来说，没有品质的品牌，宁可没有知名度。因为别人看了广告买你的产品，这时消费者是慕名而来的，当他买你的产品时，或许不会在乎价格比同类产品高，但是买的产品品质不好时，他就从此离你而去，并且还会影响其他的消费者。

海尔的产品质量好吗？其实也不一定！但它用品质中的售后服务弥补了产品质量上的不足。“五星级”的服务是海尔的独特定位和品牌的核心价值，其他企业的服务或许比它更好，但也很难再在服务上占领消费者的心智，因此只能在品质上提升自己。

品质是品牌最根本的资产、最主要的因素，是支撑品牌大厦的真正根基。

酒香是根本，然而巷子不能深！品质是一个朴素的真理，离开了它，品牌理念、精神附加值、有社会责任、有爱心……对于消费者来说都是空谈。

在泉州，有一个服饰品牌九牧王。2002 年，九牧王在央视投放了“西裤专家”的广告，引起轰动。并通过“800 万条人体曲线数据，23000 针逢制，30 次熨烫，5600 人的共同努力，108 道工序，100%的检验，造就一条九牧王西裤”的数字化理性诉求，告诉消费者：九牧王是西裤专家，西裤品质自然卓越。几年来这家企业在西裤市场占有率连续多年行业第一。

是什么让它成功？是品质。选择它的消费者，大多数是冲着它的品质而来的。但是它依然需要继续让消费者知道，虽然已经成功向系列男装延伸，并开始日益重视品牌理念和文化的塑造与传播，但它依然保持着高品质，进行着持续有效的产品质量控制。

质量是品牌的生命之根！品牌的质量不是来自权威部门评出来的“金牌”“银牌”，而是顾客用他们的“货币选票”和信任塑造出来的，优良的品牌质量是品牌赢得顾客忠诚取之不尽的源泉。

品牌质量包括品牌本身的质量和体现的质量，是二者的综合体现。品牌本身的质量是由品牌质量所代表的，而品牌体现的质量则是由顾客消费品牌产品所获得的感受来表示。这两个方面是不可分割的，二者的有机结合直接决定了品牌质量的高低。

提高品牌质量，是把提高产品质量和提高顾客感知质量有机结合起来的过程。企业必须首先保证产品质量，在这个前提下，才能不断提高品牌的顾客感知质量。

1. 正确分析和认识品牌质量的驱动因素

品牌质量并不是一个不可以触摸的东西，其实受多种驱动因素的制约和影响，例如：技术、设备、人力资源、管理、原材料、组织、运营机制、服务机制、顾客需求、文化等，都在不同程度上影响品牌质量。企业要做的就是，把这些制约和影响转换成提高品牌质量的动力。

2. 培育品牌质量战略观念

品牌质量战略是指企业关于品牌质量的发展方向、目标、质量管理和其实施途径的总和。质量战略的根本意义在于，为企业品牌运营、实施品牌战略提供一种最重要、最基础性的动力和保护机制。

高质量、优质量的产品会促使非品牌变成品牌，小品牌变成大品牌，弱品牌变成强品牌；无视质量大品牌就会变成小品牌，强品牌就会变成弱品牌，品牌就会变成非品牌……从这个意义上来说，品牌是企业资本运营、资本扩张的强大武器。

3. 铸就品牌质量管理理念

所谓品牌质量管理是指，企业以品牌质量为管理对象，确定质量方针、目标和责任、建立质量体系等途径所实施的所有活动，而“全面质量管理”则是建立在全员参与基础上的一种管理体系，具有全过程、全方位、全要素等特点。质量管理是企业质量战略的实践，是企业保证并不断提高品牌质量的基础。

4. 质量创新意识

任何质量都是动态的、发展的，会随着企业经营环境的变化而不断改进和创新。质量创新是技术创新、组织创新、结构创新、管理创新、材料创新、工艺创新等的结晶。质量是品牌的生命，创新是质量的生命。只有不断进行质量的创新，品牌才能保持持续的竞争力。

5. 质量作用意识

质量是品牌之魂，也是企业之魂。质量积聚了企业一切优秀文化的精华和团结一致的力量，是企业开拓市场的法宝，是效益之源，是企业发展成长的基石。

质量是形成企业凝聚力的核心，企业要想获得生存和发展，就必须形成强大的内部凝聚力，这种内部凝聚力是由多种因素组成的，企业要从财物、有形资源与无形资源、智慧和积极性、团队精神等方面围绕品牌核心进行。

二、品牌价值的联想

同专利权价值一样，品牌联想度也是品牌建设范畴的一个概念。品牌联想是指提到某一品牌时消费者大脑中会浮现出来的所有与这一品牌有关的信息。

领导品牌、强势品牌的一个重要特点就是能引发消费者丰富多彩的联想。品牌联想包括：产品类别、产品属性、使用情形、消费者利益等显在联想，也包括心理感受层面的不易清晰表述的隐性联想。

1. 品牌联想的价值体现

（1）产生差异化

品牌通常都是通过产品、品牌名、定位、广告公关、促销活动等形式传递出差异化信息。品牌联想中会具备差异化、个性化成分，可以与竞争者形成区隔，遏制竞争者跟进的屏障，受到越来越趋向大众化的消费者喜欢。

（2）提供购买理由

品牌联想的信息主要是产品类别、属性、触动心灵的品牌情感与品牌气质等，比如：高露洁“防止蛀牙”会打动购买牙膏时关注“蛀牙”的人群、宝马“驾驶的乐趣”让讲究操纵性能且有支付能力者怦然心动。

（3）创造心理与情感认同

一般来说，通过产品的工业设计、广告的感性诉求与美学表现等，都可以润物细无声地使消费者认同品牌产生的心理与情感，大都属于隐性联想。

（4）为品牌延伸提供强力支持

品牌所代表的价值尤其是核心价值也能包容并促进消费者对延伸产品的认同与购买，可以实现品牌的延伸。品牌核心价值是品牌联想的主要组成部分，品牌联想能为品牌延伸提供强有力的支持。

2. 品牌联想建设策略

（1）品牌核心价值个性化

品牌核心价值是品牌提供给消费者的关键利益，是消费者认同喜欢和愿意购买某一个品牌的主要动因，因此是品牌联想中让消费者记得最清楚的信息。

（2）独特的产品特性

一般来说，品牌的核心价值是消费的功能性利益时，品牌核心价值就是产品特征的一部分。比如，宝马的核心价值“优秀的操纵性能”。但很多产品特征不是品牌的核心价值，比如，高露洁牙膏有大小、膏体颜色、细腻程度、洁齿与护齿功能、香味等许多特征，而高露洁的品牌核心价值只是“有效防止蛀牙”。

（3）声望感与领先感

声望感与领先感指的是联想中对品牌的整体评价，如质量、技术和企业整体实力在行业中的领导地位。很多时候，消费者根本就说不出 A 品牌比 B、C 品牌究竟好在哪里，但就是愿意花更高的价格购买 A 品牌，主要是因为 A 品牌具备了威望感与领先感。

(4) 相对价格清晰

对企业而言，类似于登喜路、海尔这样高溢价的品牌是充满诱惑力的，代表着高利润率。要成为一个高溢价品牌，必须提供声望，同时具有令人仰慕神往的品牌文化内涵与精神价值。

(5) 使用方式与场合

对于很多品牌来说，使用场合的联想是品牌最有价值的资产，比如：消费者在家里可能喝蒙牛酸奶，但妙士牛奶适合在高档餐厅饮用的强烈联想会让消费者在餐厅宴请客人的时候点妙士酸奶。

(6) 目标消费者和其心目中的理想人格

品牌与目标消费者联系起来，可以使目标消费者感觉到一种归属感。当消费者对一个品牌使用对象的联想与自己正好吻合或接近时，选择这一品牌的可能性就大增。

(7) 认同与敬仰的生活方式

如果品牌代表的一种生活方式与目标消费者接近，或目标消费群十分认同并意欲获得这样的生活方式，品牌就对目标消费者充满了诱惑。

(8) 成为品类的领导者

品牌是产品类别的代名词，如“施乐 = 复印机”，有助于品牌在这一产品类别上立稳脚跟，使其他品牌侵入的难度倍增。

(9) 与竞争对手的比较差异

品牌的建立最终目的是与竞争者一较长短。因此，品牌联想时能反映出与竞争者的鲜明差异与优势，如海飞丝的去头屑功能要比别的品牌强；丽思卡顿酒店的服务极为周到。

(10) 地域与国家

一个地域与国家的自然环境资源、发展历史、文化造就了在某些产品领域的特别优势，如顺德是家电王国、瑞士手表与军用刀、法国红酒与香水和时装、德国的名车等。

第四章
性价比
——品牌力的始点和终点

面对同样的一款商品，消费者一般都会愿意购买价格便宜的；如果功能相同的两种商品价格一样，消费者则会选择质量好的。产品高性价比和高体验，决定了品牌的号召力，产品的质量和性价比则决定了品牌发展；给品牌一个溢价的空间，足以让客户更加忠诚于你！

工欲善其事，必先利其器

工欲善其事，必先利其器！工匠想要使他的工作做好，一定要先让工具锋利。比喻要做好一件事，准备工作非常重要。

消费者在购买过程中或多或少都听商家说过，这商品品质好、性价比高。所以，许多顾客都把性价比看成是选购商品的重要指标。那么，性价比到底是什么东西，它有什么作用？

性价比，是一个性能与价格之间的比例关系，具体公式：性价比 = 性能/价格。通常不会在同一性能基础上比较或比较的机会较少。

性价比应该建立在消费者对产品性能要求的基础上，也就是说，先满足性能要求，再谈价格是否合适。由于性价比是一个比例关系，存在其适用范围和特殊性，不能一概而论。

性价比是性能和价格的比值，能衡量一件商品使用价值和实际价值的关系。

例如：神舟笔记本，就是个笔记本，硬件高端，价格反而很低，性价比超高。

苹果笔记本，也是个笔记本，硬件还不够好，价格却那么高，性价比超低。

高性价比 + 高体验 = 品牌号召力

当前，许多企业为了增强市场竞争力，提高产品市场占有率，都在想方设法地提高品牌的号召力。但细观其做法，有的只埋头于技术创新，有的拼命打广告。这些做法不可谓无效，但通常失于偏颇。这也说明，目前，许多企业对品牌号召力源自哪些方面尚缺乏完整的认识。那么，品牌号召力究竟表现在哪些方面呢？

品牌号召力就是品牌能够召唤消费者前去购买的吸引力，不同品牌的号召力会来自不同方面。但总体而言，品牌号召力主要来自以下方面：高性价比、高体验。

一、高性价比

性价比值的标准参数为1，得分为1的商品表示其综合性能与市场售价相匹配，简单地说，便是“物有所值”；性价比值越高，表明其性价比越高，反之则亦然；比值大于1的商品表明其在当前市场环境下定价恰当，甚至是超值的。

二、客户体验

客户体验是一种纯主观在用户使用产品过程中建立起来的感受。良好的用户体验有助于公司不断完善产品（或服务）。可是，要给客户完美体验并非易事，企业可以寻找一些新颖的方式来提升端对端客户体验。这里有些诀窍可供参考。

1. 了解客户

客户知道什么是好的服务，他们希望通过自己喜欢的渠道，在每次与企业的交互中都得到好的服务。数据显示，客户一般都喜欢通过电话来与企业沟通，其次是电子邮件和网络自助服务；就沟通渠道而言，不同的人有不同的偏好，例如，年轻人更喜欢使用点对点的交流方式、社交网络和类似于聊天性质的即时服务渠道……只有了解了客户的特征和偏好，才能用他们喜好的方式与之进行沟通。

2. 提供的服务要与品牌相符合

忠诚于自身品牌很重要，企业给客户提供的服务体验也要支持公司自身的价值定位。在这个信息爆炸的世界里，让客户了解企业定位格外重要。同时，品牌代表了未来的商场地位，根据品牌能让人一眼就了解其服务内容。

3. 整合交流渠道

在企业的服务体系内，客户与企业的交流不应仅限于某单一渠道，要能通过某一个交流渠道开始，再通过另一个交流渠道完成。例如，客户可以从打电话询问开始，之后从邮件中得到更多相关的细节信息。

要想让客户有这样的体验，企业所提供的交流渠道必须相互贯通，不可相互独立。这样客服代表既能通过传统渠道，也能通过社会渠道，完整地把握客户与企业的交流。并且，如果客户最早是在网络自助服务系统提出服务要求的，客服代表也可以看到整个处理的历史记录，这样他们就不用重复询问或调查了，不致降低客户的满意度。

4. 整合客户服务体系与其他应用程序

企业要在大约20个不同的应用程序中检索客户所需要的信息，必然会增加处理问题的时间，只能引起客户的不满。客户服务体系不应只是为客户提供信息、解决问题，应该与后台的应用程序整合在一起，这样才可以更快、更准确地回答客户的疑问。

5. 明确何为优质的服务体验

如果销售人员不按相同的客户服务应用程序行事，就会影响客服代表之间的一致性，出现较高的人事变动率。其实，企业完全可以将业务流程管理应用到客户服务中，然后让工作人员根据屏幕上的信息行事。屏幕上面会显示与客户需求相符的信息，并能保证其服务与企业政策相符合。

6. 客户体验至上

让客户对服务有一定的期望值，并提供相应的、能达到该期望值的服务，可以建立客户对企业的信任感。同样，企业也要积极主动地为客户提供服务，比如：主动发送服务提醒和解决常见问题的方法，让客户确认在哪些情况下希望被告知。这种沟通能让客户群更稳定。

7. 关注企业的知识战略

一个好的知识流程是优质服务的核心因素。将相关的知识联系在一起是一件任重而道远的事情，其中一个可行的方法，就是让客服代表标记出不准确、不完整的内容，或者是用自动化的工具将最常碰到的内容放到常见问题表的最顶部。当然，客户通过各个交流渠道联系到的客服代表必须保持一致的“口径”，如此才能保证解答的连贯和准确。

8. 倾听客户的声音

聪明的企业会在每次沟通后收集客户的反馈，并通过一些开放性的问题征求他们的真实意见。它们会在所有用户可见的知识库中附上反馈表格，让用户来评价这些解决方案，然后用收集到的反馈信息来优化自身的服务。

产品质量和性价比决定了品牌发展

一、一切靠品质说话

品质意识就是指，人们在生产经营活动中对品质以及与之相关的各种活动的看法和态度，也就是通常所说的对提高产品品质的认识程度和重视程度，以及对提高产品品质的决心和愿望。

人的行动受大脑意识支配，有什么样的意识就会产生什么样的行动，一个有错误品质意识的人，很难想象他能做出好的产品。只有当他的思想意识上升到一定的高度，再加上相应的工作技能，他才会做出好的产品。

一位哲学家曾经说过："高度"可以反映出一个人的修养和内涵，一个做过大事或见过大事的人，想平庸都难。可想而知，品质意识对产品品质的重要作用。

2008 年 9 月初，不断有媒体报道出了婴幼儿患肾结石的病例，且多数食用过三鹿的奶粉，三鹿集团被怀疑与婴幼儿患结石病有关。2008 年 9 月 11 日晚，三鹿集团发表了声明：其 2008 年 8 月 6 日前出厂的婴幼儿奶粉受到污染，市场上大约有 700 吨，决定召回受污染的奶粉。这是三鹿集团首次公开承认自己的奶粉有问题，"三鹿问题奶粉"事件由此开端。

2008 年 9 月 16 日，22 家婴幼儿奶粉厂家 69 个批次的产品被检出三聚氰胺，伊利、蒙牛、光明等榜上有名，至 2008 年 9 月 19 日 9 时，全国下架退市的问题奶粉已达 3215.1 吨。至此，"三鹿问题奶粉"事件波及整个乳制品行业。

三鹿集团因此破产，问题奶粉所造成的经济损失巨大，行业遭受的经济损失和信誉损失难以估量。受"三鹿问题奶粉"事件影响，我国 2008 年 10 月乳制品出口量锐减 9 成多，其中奶粉更是成为乳制品中出口下降幅度最大的品种，10 月出口同比下降99.2%。

对于社会来说，注重产品质量管理工作是企业的社会责任，不仅可以赢得消费者的喜爱，还有助于企业树立良好的企业形象，有助于企业的发展壮大。对于控制产品质量管理的关键部门和人员，要严格按照公司的规章制度要求，以严谨负责的态度进行严格把关，保证公司的质量管理政策很好地落实。

品质是企业的命脉，如果产品的品质不好，就会失去市场，没有市场，企业就会失去生命。所以，作为企业必须具有提高产品品质的决心和愿望，要让全体员工树立良好的品质意识。那么，怎样才能树立良好的品质意识呢？

1. 树立品质是企业的命脉意识

要让全体成员都认识到：产品的品质不好，产品就没有市场；产品没有市场，企业就会失去利润来源，时间长了，企业就会倒闭；随之而来的就是员工失业。即使公司目前产品市场良好，也希望以后更好，但也要“居安思危”，把自己的产品品质做得更好。

2. 树立品质的客户意识

要让员工一切以客户为中心，把自己看成客户，把自己看成是下一道工序的操作者，把自己看成是产品的消费者。这样，在工作中，员工就会自觉地把工作做好，继而保证产品的品质。如果在工作中偷工减料，必然会伤害切身利益。

3. 树立品质的预防意识

产品的品质是生产出来的、设计出来，不是靠检验出来的，第一时间就要把事情做好！如果不从源头控制品质，是很难控制产品质量的。即使生产中投入大量的检验人力去把关，但在生产过程中却不能从源头上做好控制而产生出大量的次品甚至废品，就会大大提高产品的成本，给企业的生产成本造成沉重负担。而且，有些产品的质量问题可能无法从之后的工序中发现和弥补，企业更要在第一时间把事情做好，预防出现品质问题。

4. 树立品质的程式意识

品质管理是全过程、全公司的，而各个过程之间，全公司各部门之间的工作必须是有序的、有效的，因此要让全体品质管理人员、操作人员严格按程式做。如果不按程式工作，出错的机会就会增多，产品的质量也就无法保证了。

5. 树立品质的责任意识

研究发现，质量问题有 80% 出于管理层，而只有 20% 的问题起源于员工，也就是说，管理者可控缺陷约占 80%，操作者可控缺陷一般小于 20%。因此，领导者首先就要树立品质的责任意识，比如：知道怎么做和为什么要这样做；知道生产出来的产品是否符合规范的要求；知道生产出来的产品不符合规格将会产生什么后果；具备对异常情况进行正确处理的能力。如果上述四点中有任何一点不能得到满足，或者生产中设备、工装、检测及材料等物质条件不具备而产生故障，那就是管理人员的责任。只有了解品质问题的责任，才能有的放矢地去改善问题，将品质提高。

6. 树立品质的持续发送意识

品质没有最好，只有更好；品质改善是一个持续的、不断完善的过程，遵循 PDCA 回圈模式。PDCA 回圈模式可简述如下。

P—计划：根据产品的要求，制订改善计划；

D—实施：实施计划；

C—检查：根据产品要求，对过程和产品进行检验；

A—处置：采取措施，以持续改进产品品质。

只有这样，产品质量才会不断上升，才会不断地提高质量和创新，才会不断地取胜于市场。

7. 树立品质的成本意识

保证品质，追求利润是企业永远的目标。企业要发展，不得不注重生产的成本，可是，成本与品质息息相关，品质做得好，可以将产品的成本降到最低；如果产品的质量不好，经常遭到客户退货投诉，那么成本将会很高，甚至将企业逼到绝境。

很多企业衰败的原因并不是因为没有客源、没有订单，而是因企业内部管理不好，成本降不下来，无法参与市场竞争。当然，并不是品质越严对企业越有利。相反，过分地提高产品品质将造成品质过剩，也会提高生产成本。所以生产时，各工序和环节都要严格按客户标准要求去做，如此才会最大限度地降低成本，提高市场竞争优势。

二、用得长久才有市场占有率

在市场经济快速发展，企业间竞争日趋激烈的今天，质量对于一个企业的重要性日益明显，产品质量高低是企业有没有核心竞争力的体现之一，提高产品质量是保证企业占有市场，从而能够持续经营的重要手段。企业想做大做强，就必须在增强创新能力的基础上，努力提高产品质量和服务水平。

综观国内外，每一个长久不衰的知名企业，其产品（或服务），都离不了过硬的质量。所以，质量是企业的生命，是企业的灵魂，任何一个企业要生存和发展就必须要千方百计致力于提高质量，不断创新和超越，追求更新、更高的目标。一个企业唯有不懈追求，精益求精，方有希望处于领先之列。

海尔集团诞生之前，企业家张瑞敏当着很多职工的面，把质量差的冰箱全部砸毁，这才造就了今天的海尔神话；韩国三星企业，重视质量，才有了今天的辉煌。因此，不重视质量的企业，等于是给自己挖坟墓。从来没有听说过质量差的企业能长久生存！

没有一位消费者愿意从口袋里掏出大把的钞票，购买劣质产品。那些制假售假的企业主们，自己也不愿意购买假货。是什么原因使假冒伪劣产品如洪水泛滥般地充斥市场？主要有这几个原因：一是造假冒伪劣产品成本很低，利润很高，容易让人一夜暴富；二是搞假冒伪劣产品生产程序与环节比较简单，容易制造，节省成本；三是现在的市场监管体系比较薄弱，有些市场还失于监管。这就使假冒伪劣产品有了空子与漏洞可钻。

质量为天，绝不能停留在口号上，而应该落实在实际行动当中。那么我们该如何保证产品质量呢？

1. 从小事做起，做好细节，把握质量

从产品质量由“检验”到“预防”，由“堵”到“疏”，再到生产的“全面质量管理”。如今，在生产过程中的精细化要求与质量水平要求越来越高。为了保障产品的质量安全，企业在质量管理方面就要以更高的起点，全面导入产品生产的质量管理理念，建立独立于生产管理的质量保证体系，加强产品实现过程的质量检查和质量监督，在解决产量、成本、质量发生冲突时，从根本上杜绝牺牲质量的思想痼疾，实现质量管理理念的转变。

2. 每个环节都制定详细的质量管理标准

从产品开发、工艺流程设计到原料采购，从第一道工序到产品下线，从装箱到运输，每个环节必须制定详细的、可控制的管理标准。

事前控制的重点放在产品开发和标准制定上。技术和标准一旦出现失误会给质量管理带来很大麻烦，因此应当从根本上尽量减少质量事故、降低质量管理难度。事中控制主要指从原料进厂到产品下线期间，按照工艺标准进行质量监督的过程，也是质量管理的核心工作。

3. 客户和员工是最好的质量改善者

客户是产品质量的裁判，要及时对客户反馈的意见进行调查和整改。客户的不满是企业改进的方向，提高客户的满意度和忠诚度是企业长兴不衰的法宝。

员工是产品质量的一线情报员，他们熟悉制造环节的每一个细节，调动他们的积极性和主动性是改善质量的最好措施。企业必须在质量管理中推行全面质量管理模式，层层把关，人人负责，才能使质量控制在每一个产生的源头。

在制造过程中必须严格控制成本，且每一个人都要有主人翁意识，对于自己所用的辅助材料价格以及成本都必须积极了解，如此才可以知道应该如何去控制，从哪个方面去控制，鼓励持续改进，不断对所有细节问题进行改进，降低所有能够降低的生产成本。同时在生产过程中减少质量问题，也能相对地降低生产成本。

质量管理没有永恒的答案，只有永远的问题，质量管理与成本控制就是在持续不断地解决问题的过程中逐步规范起来的。没有最好，只有更好，是企业力求卓越的质量意识；打造著名品牌，奉献精品产品，是企业生产永恒的追求。

给客户一个忠诚的理由，给品牌一个溢价的空间

一、搞定价格敏感型大客户

什么是价格敏感型大客户？非常重视产品本身价值，主要以交易为主，

注重因素主要是价格和方便，他们认为产品非常透明化、无特色和大路货，这些大客户就叫做价格敏感型大客户，也叫交易型大客户。

顾名思义，价格是价格敏感型客户最关心的购买因素之一。产品的降价处理往往从一开始提及价格到最后签约都会被不断提出，有时不知如何是好。预防和解决该类客户的降价处理，自然可以促进销售的成功。销售人员或者谈判人员可以从以下几个方面进行尝试：

1. 把握降价时机

过早地涉及价格对于最终达成有利的销售是有害的。要知道，买卖双方在交易过程中不断试探对方的价格底线是从古至今的商道。虽然从一般意义上来说，底线间的交易都是双赢的结果，但谁赢得多一点，谁赢得少一点则大不相同。

过早涉及价格的直接后果就是泄露了自己的价格底线，丧失销售中的主动。同时，大客户营销咨询任何产品都不可能百分之百满足客户的需求并且肯定存在缺陷，这些都会变成要求降价的理由。

“如果你们没有黄色的，打个九折，我们可以购买别的颜色。”在大客户营销的讨论过程中，面对这样的降价要求通常很难拒绝。随着沟通的深入，降价要求始终贯穿于商务活动中。过早言明的价格无疑成为客户有的放矢的靶子。

报价的最佳时机是在沟通充分后，即将达成交易之前。这样，一旦报价就可以直接转入签约，也就减少了讨价还价的因素和时间。而且，在前期的沟通中，客户需求都明确了，产品的优点和缺陷都达成了谅解，这些因素也就构不成降价的合理理由了。

2. 注重降价策略

价格敏感型大客户关注的焦点是价格，他们目标明确——如何以最低价格购进产品，此类型的客户经常会派不同面孔的人来杀价。

未明确是否降价之前，大客户营销战略中最关键的是要明确客户内部的采购人员的影响力或决策力。假如并不能确定采购人员在采购流程中的角色，降价则只能是“不一定”。

普通销售人员如果想急于拿下这个项目，就会在采购人员面前轻易降价。而采购人员的职能主要是收集信息，并不能起到最后定夺的作用，因此销售人员很容易就会陷入客户的“圈套”，在逐次过采购经理、副总甚至最后拍板人这些关口时“斩价”。

每一次降价都意味着公司利益的进一步损失。有时有些销售人员把握不住重点会将价格一降再降，导致公司的利润不断下降。只在项目中的关键角色前才开始降价是一个明智的选择。

3. 让客户有满足感

客户寻求最低的谈判价格以促成销售。在降价的过程中，让客户有满足的感觉往往可以使价格谈判更容易进行。

4. 视线的合理转移

将价格的谈判转移到产品附加的价值上面。客户有他额外的需求，当这些需求给客户带来的利益高于谈判所得价格时，他就会很可能放弃、忽略或者降低降价的要求。

二、与客户共赢天下

企业与客户的关系的最佳状态，从本质上讲就是共赢。只有较好地实现了客户利益，才能更好地实现企业利益，这一点是毋庸置疑的。

1. 从客户心理出发，站在客户的立场上考虑问题

企业必须坚持百分百的客户价值导向。想客户之所想、急客户之所需，使自己的产品与服务密切贴合客户心理需求。现在，在激烈的竞争下企业越来越懂得把握客户心理的重要性，放低企业姿态，研究客户需求，根据客户的需要来规划和研发产品，从而取得了事半功倍的效果。

已连续多年位列国内男士西裤销售前茅的九牧王，在2009年三月开始推广男裤个性化制定业务。九牧王根据调查了解，发现中国男性肥胖率上升了1.7%，而这些男士很难在标准化产品中找到合身的产品。于是九牧王敏锐地抓住了消费者的这一特别需求，将当下市场中昂贵的定制服务平民化，而且不另外收取加工费和运费。

九牧王从客户心理出发，以客户价值为导向，通过这样一个更为贴心的服务和大众化价格，实现了客户价值，同时给企业创造了丰厚的利润。

2. 企业建立完善的客户服务体系

客户服务体系是以客户为对象的整个服务过程的组织构成和制度构成，有效的客户服务体系可以使客户需求达到最大限度地满足，是保证客户满意的必要条件。良好的客户服务体系会提升客户的满意度和忠诚度，提高企业信誉，可以更好地留住已有客户群、发展潜在客户群。

3. 将服务精神放在首位

创业者必须要明白这个道理，企业必须竭尽忠诚地为客户服务。

4. 在企业利益与客户利益发生冲突时，要以客户利益为先

这样做，从眼前利益看，企业利益似乎在或大或小的程度上受到了一定损失，但从长远的利益来看，企业所获得的是长久而更为稳固的长远利益。

在冲突面前，企业维护并实现了客户利益，会在客户心里树立起其对企业的信赖与好感，同时会通过宣传树立起企业的良好口碑，这样，不但使原有客户更为忠诚地信赖企业产品，而且会通过企业信誉吸引大批新客户。

当然这个选择要根据具体情况进行具体分析，要保证的是客户的正当权利与利益，而不是无条件地服从客户的不合理请求与不正当要求。

第五章

品牌的一半是文化

——品牌的情感及文化内涵

品牌情感与文化内涵：把企业情绪放进产品，把企业文化放进渠道，品牌就能与人沟通。品牌是有感情的。不店大欺客，谦让消费者，不唯利知感恩，百年品牌无一不是，这些信念就是品牌文化的教义。

品牌力依托于品牌文化

一、文化是企业创牌之根

企业文化是反映现代化生产和市场经济一般规律的新兴的管理理念，是在管理科学和行为科学基础上逐步演变产生的一种现代管理理论。它的目的，就是以精神的（感情的）、物质的、文化的手段，满足员工物质和精神方面的需要，以提高企业的向心力和凝聚力，激发职工的积极性和创造精神，提高企业经济效益。

一个追求利润最大化的企业，想要具有良好的、持续的经济效益，就要不断增加对本企业忠诚的客户群体，提高他们对本企业的信赖度，必须树立良好的企业形象。也就是说，良好的经济效益来源于良好的企业形象，良好的企业形象则是依赖于优秀的企业文化。

1. 企业文化建设有利于组织形象提升

优秀的企业文化，不仅可以向社会公众展示企业成功的精神风貌、价值观念、管理风格和良好的经营状况，还能够为企业树立信誉，扩大影响，从而提升企业整体形象，增强企业竞争力。从企业文化的建立可以看出，企业文化对组织形象提升的作用。

企业文化的建设，通常要经过这样一些步骤。

首先，建立一个运营团队，对组织文化的现状进行调查，分析组织文化建设的要求，诊断出组织现有文化存在的各种问题，为组织文化定位奠定基础。

其次，对组织的行业特征、使命、发展远景与战略进行分析，通过对组织文化基本要素的界定，定位组织文化。

再次，提炼出科学、简练、准确的核心价值观，完成组织文化精神层面的建设。然后，以企业核心价值为中心，对相应的典型人物和典型案例进行宣传，并运用人力资源管理的具体策略，将组织的核心价值灌输到员工的头脑中、体现在员工的行动上；同时，结合公司的战略目标，形成公司的管理制度体系，构建组织文化的行为与制度层面的建设。

最后，运用CIS等营销手段，把组织精神层面和物质层面结合起来，以系统观为指导，将组织文化提升为企业的共同心理定势和价值取向，展示给社会公众，树立起组织的良好形象。

由此可以看出，企业文化的形成也标志着组织形象的整体确立。而良好的组织形象是企业的无形财富，是增强企业竞争力的法宝。

2. 企业文化提升企业核心竞争力

企业竞争力是指，在竞争性市场中，一个企业所具有的能够持续地比其他企业更有效地向市场消费者提供产品（或服务），并获得赢利和自身发展的综合素质。

研究发现，企业的竞争力可以分为三个层面。

一是产品层面，包括企业产品生产及质量控制能力、企业的服务、成本控制、营销、研发能力；

二是制度层面，包括各经营管理要素组成的企业内外环境、资源关系、企业运行机制、企业规模、品牌、企业产权制度；

三是核心层面，包括以企业理念、企业价值观为核心的企业文化、企业形象、企业创新能力、差异化个性化的企业特色、稳健的财务、拥有卓越的远见和长远的全球化发展目标。

从这三个竞争层面来看，第一层面是表层的竞争力，比较直观和外化；第二层面是支持平台的竞争力，也是组织文化外显的桥梁；第三层面是最核心的竞争力，体现了组织的信念和精神，也表明了组织追求和倡导的价值。由此可见，企业文化正处于一个核心层面，对增强企业竞争力发挥着重要的作用。

我国著名企业家张瑞敏对99财富论坛的媒体记者分析海尔经验时说过："海尔过去的成功是观念和思维方式的成功。企业发展的灵魂是企业文化，而企业文化最核心的内容应该是价值观。"研究发现，那些世界上著名的长寿公司都有一个共同特征：他们都有一套比较被社会认可的核心价值观，有其独特的企业文化在支撑着企业，激励着企业员工。所以，要想提升企业的竞争力，就要加强企业文化建设，树立一种"以人为中心，以文化引导为手段，以激发职工的自觉行为为目的"的企业经营管理思想。

企业文化的核心是价值观，这种价值观一旦得到组织成员的广泛认可，员工就会对企业形象产生强烈的认同感；对企业的工作产生责任感；对企业的发展产生使命感；对企业的利益产生维护感。员工便会形成一股合力，共同为企业效力。从这个意义上来说，企业文化是企业发展内在动力的基础，是提升企业核心竞争力的核心。

3. 企业文化促使企业持续成长

企业可持续发展的关键是企业的核心价值观能与时俱进，不断创新。只有适应技术与社会环境的变化，才能使企业在激烈的市场竞争中获得不断成长和可持续的发展。反之，如果企业没有核心的价值取向，没有顺应社会发展的经营理念，最终将会被社会淘汰。

21 世纪是个快速变化的时代，企业发展所依存的客观环境如企业的技术环境、人力资源环境、金融环境、投资环境、市场需求环境等，还有政策、法制、社会评价、公平竞争、社会信誉等社会发展软环境，对企业文化发展有着潜在而深刻的影响。

企业要立于不败之地，就要在其发展战略、经营策略和管理模式方面及时做出相应的调整；同时，企业文化也要适应环境的复杂性和紧迫性所带来的挑战和压力，使之成为蕴藏和不断孕育企业创新与企业发展的源泉，形成企业文化竞争力。在这一点上，同仁堂就是一个很成功的例子。

一直以来，同仁堂都坚持自己的企业文化并不断创新。同仁堂人的自律意识建立起了其文化质量观，历代同仁堂人恪守诚实敬业的药德，提出“修合无人见，存心有天知”的信条，制药过程严格依照配方，选用地道药材，从不偷工减料，以次充好。

1989 年，国家工商局将全国第一个“我国驰名商标”称号授予了同仁堂，使同仁堂成为迄今为止在全国中医药行业唯一取得“我国驰名商标”称号的企业。同仁堂的企业精神就是：同修仁德，济世养生。

他们把行医卖药作为一种济世养生、效力于社会的高尚事业来做。历代继业者，始终以“养生”“济世”为己任，恪守诚实敬业的品德，对求医购药的八方来客，无论是达官显贵，还是平民百姓，一律以诚相待，始终坚持童叟无欺，一视同仁。

他们始终坚持“诚实守信”的职业道德。面对大的市场经济环境，他们不断进取和创新。如今的同仁堂，继承了历史上讲人和的好传统，并把它上升为一种增强企业凝聚力的新内容，从多方面创造出了符合现代企业发展的良好环境。

公司以关心人、理解人、尊重人为原则，以“人和”为特色；以关心职工的物质文化生活为内容，营造出了日益改善的生活环境；以塑造企业形象为重点，形成了良好的物质环境；以提高职工综合素质为目标，形成了特色突出的文化环境。

同仁堂从最初的作坊店发展到今天的集团公司，从民间验方、宫廷秘方到高科技含量的中药产品，从丸散膏丹到片剂、口服液、胶囊剂等多种剂型，330 多年的历史无不渗透着同仁堂文化的创新发展观。实践告诉我们，只有把优势的文化传承下来，继承弘扬优秀的文化传统，才能使优秀文化成为推动企业前进的动力。

企业文化不是简单的几句口号，而是要实实在在地长期坚持和培育。在当今竞争激烈的社会中，企业要想取得成功，离不开良好的企业文化。它是企业的灵魂，是企业生存和发展的原动力，也是区别于竞争对手的最根本标志。

二、品牌因故事而生动

人们为什么迷恋名牌？就是因为名牌的背后是动人的故事，想造就名牌，就要成为讲故事的高手。如今，世界上最容易的赚钱方式是什么？在家编故事，出门讲故事，见人卖故事。

J. K. 罗琳原本是一个其貌不扬的英国女子，离过一次婚，带着一个孩子，主要靠低保生活。一个偶然的灵感令她开始提笔写作，她撰写的《哈利·波特》只不过是一个少年魔法师的成长故事，可是如今赚的稿费已经超过了 10 亿美元，比英国女王的身价还要高。她赚的版税超过了史上所有作家的总收入。她的书印了 3.5 亿册，仅次于《圣经》和《毛泽东选集》。

人们为什么迷恋名牌？就是因为名牌的背后是动人的故事。

一颗钻石，本来只是一种稀有矿产，是贵妇人的装饰，一旦经济不景气，人们就会马上将它遗忘。有一天，一位不甘心被轻视的钻石商开始给人们讲故事。

沧海桑田，斗转星移，世上并没有永恒的东西，唯有钻石——“The diamond is forever”（钻石恒久远，一颗永流传）。因此，也只有钻石才能见证永恒的爱情。如果他永远爱你，他就会送你永恒的钻石。

天底下的女人都被这个故事迷惑了。钻石由非必需品飞快地变成了必需品，因为女人活着就需要爱情，爱与生命同在。从此，钻石商人财源滚滚。每年戴比尔斯的销售额都超过60亿美元。

故事成就品牌价值，也传播品牌价值，它的美丽就在于故事里人们能轻易地实现他们的梦想，即使只是感觉。

Zippo讲产品的故事，那是一个打火机与无数美国勇士的故事，于是无数有着勇士情结的男人将Zippo作为随身之物。

LV讲企业成长的故事，那是一个小皮具匠成为皇家专宠，进而被大众拥戴的故事，于是无数渴望尊贵的人们为此一掷千金……

故事关系着一个品牌的成功，尤其在这个注意力稀缺的时代，故事尤显珍贵。

在这个“随便扔一个物件，都能砸到与广告有关的东西”的时代，品牌想要传播，如果不穿上故事的外衣，人们就会把你堵截在记忆之外。

在这个时代，生产完产品只走完了品牌生产线的一半，还要学会为品牌制造一个好故事。品牌建设之路不只是给有需求的人生产一种物质产品，更重要的是给有梦想的人提供一种精神财富，无论是真实的故事，还是虚构的故事。

对于一个新品牌来说，规划一个好故事是为品牌创造附加值的秘籍。故事能赋予品牌深厚的内涵，给这个品牌带来的神奇感染力，别小看这些故事，它甚至是打开市场的金钥匙。

那么，如何在品牌个性的塑造过程中发挥“好”的作用？

（1）品牌故事必须符合产品（或服务）的特性，使品牌故事传播的正能量与品牌进行联系；

（2）品牌故事必须引起该细分市场消费者的心理共鸣。当品牌的个性与消费者心理吻合，消费者就会对该品牌产生兴趣甚至促进购买行为；

（3）品牌故事必须有独特鲜明的个性与风格，品牌故事要与品牌个性相辅相成，容易让消费者记忆，便于塑造明确一致的品牌个性。

那么，我们应该如何来精心编织品牌故事呢？总结起来，可以从“时间、地点、人物、事件”等几点因素来创作。

1. 时间

（1）诞生时间

我们经常看到很多商品包装上有“since 1843，始于×××”这样的字样。传播载体标上品牌诞生时间是一种营销策略，以期因悠久的历史而让受众信赖他的品质，让受众去感觉这个品牌这么多年以来隐藏的为人所知以及不为人所知的故事。

这种策略多见于造酒业、老字号店铺、商号、汽车、钟表等。例如：张裕干红葡萄酒——since1892。

（2）历史渊源

诉求该种产品悠久的历史和厚重的文化，其使用或前生年代可以追溯到17世纪、中世纪甚至遥远的远古时代，直到有一天，这种产品被冠以品牌。

这种策略多见于土特产、医药、日用品以及极具民族特色的产品等，例如：茶叶品牌讲述悠久的栽种历史和源远流长的茶道；咖啡品牌则讲述欧洲人几百年的咖啡情结；××药业诉求《本草纲目》等多部医书有记载其特殊功效。

2. 地点

这里的地点，指的是生产产地。由于历史、经济、文化、风俗等不同，每一方水土都有自己的特色，这些水土差异自然会影响到生长于这方水土上的品牌。

比如：葡萄酒品牌来自新疆和云南，白酒品牌来自贵州四川，矿泉水品牌来自千岛湖等，会让消费者更加信赖；茅台酒出自茅台镇，自然想到百年传奇；孔府家酒出自孔子故乡曲阜，自然信赖其博大精深……这就是地域文化对品牌个性的渲染作用。

3. 人物

（1）创始人

很多品牌因创始人而有了神奇的光环，多见于服装设计师、艺术家创办的品牌。或许这些创始人已经逝世，但这个品牌却因创始人的不凡经历和艺术造诣而散发着永久的光芒，例如：李维斯牛仔裤、范思哲时装、香奈尔等。

很多民营企业领导人往往会将自身性格转移到企业和品牌上，创始人的品格成为该品牌的个性，如福特、比尔·盖茨等。在中国，海尔与张瑞敏“砸冰箱”的故事捆绑在一起，为海尔品牌的推广锦上添花，消费者听到故事，就会快速地感受到海尔品牌的价值观——“质量第一”。

（2）代言人

通过借用名人，可以创造品牌的传奇，塑造品牌的个性。品牌代言人的品格和性格可以传递给品牌。比如：欧米茄手表总是不断地寻找代言人去代表着一种精神，从皮尔斯·布鲁斯南到安娜·库尔尼科娃，谱写了欧米茄的动人诗篇。百事可乐更是不断变化代言人，无论是瑞奇·马丁、珍妮·杰克逊，还是王菲、郭富城，都在向受众传达百事“年轻、时尚”的品牌活力。

4. 事件

这里的事件指的是历史事件。一些品牌的塑造和推广得益于某一重大社会历史事件或者某部文艺作品，这种策略多见于旅游区、饭店、馆舍、商号、航空等行业。例如：杭州××食品店，史载乾隆下江南期间在杭州品尝后龙颜大悦，题词赠字；1900—1998 年，98 年期间 34 位总统曾入住过××大酒店等。

品牌如人，情感可以维系品牌忠诚

一、认知品牌情感

品牌情感是品牌表现出来的具有审美属性的文化意蕴，是品牌在感觉与情绪上对消费者的影响与触动，是品牌与消费者建立起亲密私人对话的有效方式。一个品牌正是借由情感交流而走进人们的生活的。

情感元素为品牌成长提供精神基础，也为企业的发展提供高能燃料——消费者驱动战略。在今天竞争空前激烈的市场上，产品和服务已不足以吸引新的市场，甚至不足以维持既有市场。市场的开拓与巩固需要依靠精神力量，品牌情感正是吸引消费者的牢固纽带。

品牌情感赋予了品牌一种灵性，给消费者带来心灵的体验和美妙的幻想，满足了消费者的情感需求。索尼的创新、万宝路的粗犷、法兰西的浪漫、星巴克的幽雅等那令人叹为观止的魅力、激情和高贵精神无时无刻不在冲击着消费者的想象力，为消费者提供崭新的观念，从情感上激励、推动着消费者前进。

星巴克不仅是销售咖啡的地方，也是一个能给人们带来情感愉悦以及友善环境的所在。星巴克的“人文环境”培养起了一种“社区”的感觉，令消费者觉得自己不同于一般人。

公司首先创造出一种人文驱动的产品作为一种真正的品牌，然后开始教育消费者有关咖啡的知识，令他们陶醉在啜饮咖啡所带来的浪漫感受之中。当然，这里的产品并不是咖啡，更不是咖啡馆这个地方，而是整个经历与体验。

人们之所以去星巴克喝咖啡，有相当一部分原因是为了那里刻意创造出来的富于想象力、有趣的、充满西雅图地方风情的氛围。

作为休闲食品的喜之郎，用感性的手法获取了品牌价值的认同。

喜之郎的儿童是优秀的、健康快乐的，喜之郎的青少年是充满青春活力的、友情分享的，喜之郎的情侣是永恒浪漫的，喜之郎的家庭是温馨幸福的。针对不同的层面，喜之郎找到了品牌与消费者在价值观上的连接点——亲情无价。伴随着“果冻布丁喜之郎”这句广告词，喜之郎迅速在全国打响了知名度。

情感可以维系品牌忠诚，如果一种品牌不能引起消费者的情感共鸣，品牌就难以赢得消费者的信任。正是因为品牌情感的存在，产品才既有使用价值，又有文化价值，变成了一种有性格、有生命、有风韵、有魅力，进而能与消费者心心相印的精神产品。

1. 从消费者到人

在交流的圈子里，商家通常都将消费者看成是自己必须攻击的“敌人”。也就是说，制造商、零售商以及他们的交流代理机构与他们是对立的。其实，根本不需要这样！企业可以用更好的方法，以积极的方式在消费者心目中制造购买欲，而不是控制或贬低他们；可以在一种互相尊重的基础上通过一种双赢的、合作的方式来实现自己的目标。

2. 从产品到体验

产品满足需要，体验满足欲望。对于已经在市场上拥有一定影响力的产品，要想吸引更多客户，保持客户对产品的兴趣，至关重要的一点是创新品牌，增加品牌的情感含量，给客户以联想空间。只有这样，才能使产品与消费者产生情感上的共鸣，保持鲜活的生命力。

3. 从诚实到信任

诚实是意料之中的，信任是令人兴奋的。在当今的商业社会中，诚实是必需的，信任则是另一回事。信任是一个品牌具有的最重要的价值之一，需要公司付出很多努力。信任是你期望从朋友那里得到的东西。

4. 从品质到偏好

今天，以公道的价格提高商品的品质已经是理所当然的了。但创造销量的不再是品质，而是消费者的偏好。如果你想在商界立足，就必须提高品质，这是消费者所期望的，最好不要让他们失望。而对于一个品牌的偏好，才是真正通向成功的关键之所在。

5. 从臭名昭著到引人入胜

出名并不意味着你同时受人喜爱，臭名昭著同样能够令你出名。但是，如果想成为人们期待、盼望的对象，就必须传达那些与顾客志趣相投、引人入胜的东西。

6. 从标识到个性

标识意味着认知，个性则是关于特色和神奇的魅力。标识是可以描述、形容的，它是一种认知，传达的是品牌与竞争对手之间的一点区别。品牌个性则是非常特别的，它拥有一种神奇的魅力，能够在消费者心中激发一种情感的反应。

7. 从功能到感受

一种产品的功能只是关于一些实用的或者说肤浅的品质，而感性的设计则关乎体验。如果产品的外观和性能仅仅是靠设计来满足功用，从来都不考虑消费者的感受，功能本身是不太可能长久维持这种产品的吸引力的。

设计是关于人类的解决方案，它的基础是创意，而创意反映的是一套全新的感性体验。通过强调产品能够带给消费者的福利来创造产品的认同，可是要想实现这一点，只有在产品的创意对消费者而言记忆犹新且心情激动时才能达到。

8. 从充斥到展示

充斥意味着随处可见，情感的展示则是需要消费者感知的。品牌的展示可以对消费者形成一种强烈的冲击。它可以与人们形成一种稳定而持久的联系，尤其是当它被精心策划成一种时尚节目的时候，更容易与消费者达成情感上的默契。

9. 从交流到对话

交流的目的是告知，对话的目的是共享。许多公司与消费者进行的交流，主要都是关于信息的——这些信息通常都是一种单向式的建议“希望你接受它并且喜欢它”。真正的对话意味着一种双向的交流，是厂商与消费者的会谈。

10. 从服务到关系

服务是一种销售行为，关系则意味着一种承认与感谢。在商业交易之中，服务涉及一种基本的效率。服务的好坏可以促成也可以破坏一桩买卖。但是，关系却意味着品牌的代表者真正地致力于理解并且领会他们的顾客究竟是什么样的人。

星巴克的首席执行官霍华德·舒尔茨在谈到为顾客营造浪漫氛围时说：“如果你向顾客打招呼，与他们交流只言片语，然后为他们准确地调配出他们需要的口味，那么，他们将会很渴望再次回到这里。”

二、建设品牌情感

品牌情感的建立不是举手之劳的事情，它需要一个过程，并要讲求一定技巧。

1. 挖掘情感渴望

经营者需要给予消费者一组创新的、互相有关的理智及情感上的利益。为找出一个情感渴望，经营者必须了解消费者的行为、透析心态、认知“秘密的需求”，以及理解难以言状（有时是隐藏的）的期望。他们也必须提供一些功能上的、能针对这些情感的优势，以及一个技术平台以令这些功能优势有高的可信性及真实性。

如果情感品牌策略的执行情况良好，消费者会迅速在“阶梯”上从技术升级到功能、再升级到情感的利益，如此不仅会增强对产品的需求，还会冲破价格的限制。宠物爱好者之所以会购买精美的宠物食品，因为它技术上乘、功能可靠、能满足情感需求。

其实，绝大多数的传统市场研究都是不能探讨情感消费成功所需的情感需求的，而传统的产品测试同时也不能了解情感、功能和技术利益层面间的联系。为了能够挖掘出情感的渴望，经营者不仅要在市场方面花更多的时间，还需与核心客户面对面地接触、深层次的交流，包括在他们的家里、在销售现场和在他们的领域里。

2. 利用品牌历史

品牌历史的价值在于唤起人们的怀旧情绪，而怀旧情感需求正好是消费者的重要需求之一。虽然怀旧被许多力量影响，情感上忠诚的顾客好像在一个怀旧产品的成功上起很重要的作用。比如，对于情感上忠诚的顾客，一个真正的产品变化能威胁到他们与品牌的关系。

在著名的“新可乐运动”中，产品改进导致了一场情感忠诚的灾难。另外，品牌历史的利用对品牌形象起着长期的效应，因为人们总是津津乐道于传奇故事、伟大的创造，媒体传播经常会加强这种效应。如果一个新品牌并没有悠久的历史，那么如何利用其历史呢？策略就是在品牌的载体中引入具有悠久历史的元素。

3. 创造品牌愿景

人们都有一种向往的情感需求，如果企业的品牌情感的诉求恰好能够符合消费者的愿景，一定能够较好地带动消费者共同进步，并赢得消费者的实际购买；因为消费的过程就好像得到友人的鼓励一般。

例如，五叶神品牌的口号是“实干创未来”，对于那些正在追求美好未来生活而努力工作着的人们，不就是最好的鼓励吗！经营者创造的品牌愿景一定要与目标消费群的普遍向往的情节相吻合，而不能够脱离现实。

4. 品牌情感延伸

“品牌情感延伸”为什么起作用呢？一个假设是品牌情感忠诚的顾客偏向于接受新产品，情感忠诚者成为在这个新类别上的倡导者，接着在一个更宽广的顾客群之中创造流行。这样，情感的延伸与功能的延伸享受一个不同的“品牌光晕”：功能的延伸为它的目标受众减少搜索费用，而情感的延伸正是利用了它的爱好者的忠诚。

比如，百事运动服（可乐）、瑞士军表（军刀）和保时捷墨镜（汽车）等都是与原来的产品类别和品牌属性没有什么亲密关系却成功了的例子。

5. 培养品牌信徒

品牌经营者要通过积极引导正面的品牌消费倡导者，尽量满足他们，使他们情感上忠诚于我们的品牌，成为品牌信徒。例如，苹果计算机和他们的发烧友俱乐部就是很好的例子；我国大陆的地产商也创建了很多客户俱乐部，也正是利用这一原理。

其实，大部分的这些例子都是消费者驱动的，很少由品牌经营者直接推动。现在，很多有先见的公司已经开始更直接地利用这一推动策略，让那些忠诚的客户成为最可靠最有力的销售力量和游说群体。

6. 赞助品牌社区

品牌社区与传统社区有很多共同之处，其主要特征包括：类型的意识、共同的仪式和传统，共享的道德责任。社区的成员之间有一种更强烈的情感关系，即使成员之间从来没遇见过，但他们在某种程度上也“彼此之间有几分了解”。而品牌社区内的仪式和传统典型地集中体现在共同的品牌消费经历上。

品牌社区可以分为：实体社区和虚拟社区。现在互联网高度发达，建立虚拟的网上社区比较容易。品牌经营者可以赞助一些自发的品牌社区网站，甚至自建品牌社区，让品牌用户在一起交流，如此不仅对维护品牌忠诚有极其重要的作用，还可以降低相关的客户服务成本，让客户有强烈的认同感和归属感。

7. 提供完美体验

消费者可以提高消费档次，也可以降低消费档次，技术及功能性的优势日趋短暂。如今，技术及功能上的优势已经很难取得较大的差别，一个强势的品牌亦不能长时间地保持技术和功能上有多大的优势，只有提供更加完美的情感体验，才能拉大与普通品牌的差距，让其在消费者心中拥有高尚的地位。

“索尼梦苑”是我国大陆首家时尚数字生活体验中心，于2004年9月底在北京中关村鼎好电子商城重新与消费者见面，不仅扩大了展示面积，还增加了多个数字生活体验中心，包括家庭影院、个人移动商务、产品吧、PS游戏、汽车影院等，让人们持续体验到科技发展潮流的步伐，建立了与消费者的深厚情感关系。

8. 精确细分市场

在商业领域，我们都知道“二八定律”，即80%的利润是20%的客户创造的。有影响力的大客户能够令销量大幅上升，并把品牌信息向四面八方传播；一小部分客户的消费总量往往占了产品销量的一大部分；在重复购买率较高的商品种类里，最高价值的10%的消费者往往贡献了销售额及利润的一半，因此，企业要瞄准这部分客户。可是，要想达到这个目的就必须更精确地细分市场，而不要以为自己的品牌覆盖面越广越好。

例如，红牛这种较为高档的“能量”饮料现已发展到了1亿美元销量的业绩，他们没有做太多的广告，只是集中在核心目标消费者的社交场所，比如：健身俱乐部、酒吧和其他时尚的消闲地方，培养红牛品牌的忠实信徒。如果将精力集中在核心消费者，也将会得到一些最新的产品思路，以及市场潮流改变的早期信息等。

9. 情感满意定价

定价一定要以客户情感满意为目标，改变过去通常采用的成本定价法。这个情感满意定价并非价格越低越好，也不是越高越好，而是要制定让客户感觉满意的价格，觉得这个价格值得购买和合情合理。

如果成本高于客户满意价格，可在传播中采用降低预期的方法，使其感到满意。虽然传统理论认为最高价只能是最低价的3~4倍，情感消费的最高及最低价格之间经常存在着5~10倍的差异。将品牌引入高档市场以期得到高档消费者的追求，同时也在较低档的市场拓展，以使其品牌可以更加容易接近消费者及更具竞争力。

梅赛德斯-奔驰及宝马在与凌志竞争的时候，不仅修改了其产品种类，还重新修订了其定价策略。20世纪80年代，奔驰销售额的70%来自于他们的中档系列，只有21%来自于新的较低档系列，9%来自于高档次产品。现在，中档系列轿车占奔驰销售额的45%，较低档轿车占28%，高档轿车占

21%，新式超高档轿车占6%。

品牌情感及文化建设的四项注意

一、注意品牌的文化壁垒

品牌文化的塑造有助于培养品牌忠诚群，是重要的品牌壁垒。按消费者的忠诚型式，一个市场可分为坚定型、不坚定型、转移型和多变型。其中，品牌坚定忠诚群对企业最有价值。最理想的是培养一个品牌的坚定忠诚者在买主中占很高比例的市场，但事实不能如此完美。

由于市场竞争十分激烈，往往会有大量的消费者从坚定者成为不坚定者和转移者。因此维护、壮大品牌的忠诚群体至关重要。该品牌能保持强有力的商品力无疑是最关键的。

但另一方面，在品牌树立、壮大过程中，在商品效用诉求的同时，也应该始终向目标消费者灌输一种与品牌联想相吻合的积极向上的生活理念，使消费者通过使用该品牌的产品，达到物质和精神两方面的满足。尤其在竞争激烈的今天，不同品牌的同类产品之间的差异缩小，要让消费者在众多的品牌中在心理上能鲜明地识别一个品牌，有效的方法是让品牌具有独特的文化。可以将此称为品牌的文化差异战略。

贝纳通是世界著名的服装品牌，为了让贝纳通树立自己的特色，经营者为贝纳通塑造了“爱自然、爱人、关怀社会”的品牌文化。贝纳通的广告都以环境污染、种族歧视、战争灾难等为题材，远远超越了一般的广告观念，进而成为时代特征，具有强大的冲击力，使贝纳通的品牌形象脱颖而出。

这种文化差异一旦让目标消费者接受，对提高品牌力是十分有利的。因为对一种文化的认同，消费者是不会轻易加以改变的。这个时候，品牌文化就成了对抗竞争品牌和阻止新品牌进入的重要手段。这种竞争壁垒，存在时间长，不易被突破。

二、文化与品牌塑造要相匹配

为品牌塑造的文化是否合适，一般有两个标准。

1. 这种文化要适合产品特征

产品都有自己的特性，如在什么样的环境下使用，产品能给消费者带来什么利益等。百贝佳（牙膏品牌）宣传“世界的早晨从百贝佳开始”；雀巢则时刻传递给人一份温暖和关爱。

品牌文化要与产品特性相匹配，才能让消费者觉得自然、可接受。有的时候，品牌经营者采用的是品牌延伸策略，即一个品牌下有许多品种的产品，这时就要抓住产品的共性。比如：西门子这一品牌涉及家电、电力、医疗器械、通信等众多行业，但西门子始终坚持一种可靠、严谨的品牌文化，让大众认为西门子代表着德国一丝不苟的民族传统。

2. 这种文化要符合目标市场消费群体的特征

品牌文化要从目标市场消费群体中去寻找，要通过充分考察他们的思想心态和行为方式而获得。只有这样，这种品牌文化才容易被目标市场消费者认同，才能增强品牌力。

三、品牌文化与时尚文化的契合

对某些产品来讲，非常适合在品牌文化中引入时尚的内容，比如：服饰、运动产品等。时尚指的是一个时期内相当多的人对特定的趣味、语言、思想和行为等各种模式的随从或追求。为了倡导一种品牌时尚，就要分析消费者的现时心态，并通过商品将消费者的情绪释放出来，并激励大众的参与。

倡导品牌时尚一个重要的途径是利用名人、权威的效应。由于名人和权威是大众注意和模仿的焦点，因此有利于迅速提高大众对品牌的信心。比如：力士香皂就一贯坚持让著名影星作为其推介证言的策略，在不断的积累中成功地使力士的品牌文化与时尚联系在了一起。当然在选用名人来做广告的时候，要谨慎和恰如其分，一般要考虑到名人、权威与品牌之间的联系。

另外，还要努力将时尚过渡到人们稳定生活方式的一部分。时尚是一个特定时期内的社会文化现象。随着时间的推移，时尚的内容将发生改变。所以，在借助和创造时尚的同时，也应考虑到时尚的消退。可以在时尚成为高潮时，有意识地转换营销策略，引导消费者将这种时尚转化为日常生活的一部分。从雀巢咖啡进入我国大陆，掀起喝咖啡的时尚，到今天，喝咖啡已成了众多人的生活习惯了。

四、品牌文化与民族传统文化的共鸣

品牌文化是与民族传统文化紧紧联系在一起的。将优秀的民族传统文化融入品牌文化，更易让大众产生共鸣。

我国的民族传统文化，注重家庭观念；讲究尊师敬老、抚幼孝亲；强调礼义道德、伦理等级、中庸仁爱；追求圆满完美；崇尚含蓄、温和和秩序等。

比如：台湾有个“北方”品牌水饺就从品牌名上做文章的，它将其独特的民族传统文化融入品牌文化中，打动了消费者的心。它的广告文案是：“古都北京，最为人所称道、怀念的，除了天坛、圆明园外，就该是那操一口标准京片子的人情味和那热腾腾、皮薄馅多汁鲜、象征团圆的水饺儿。今天，在宝岛台湾，怀念北京，憧憬老风味，只有北方水饺最能令你回味十足，十足回味。”这个品牌的文化就自然地将其与传统文化中注重祖国统一、亲人团聚等情结连在了一起。

在品牌文化中继承民族传统文化需要符合民族的审美情趣，也要考虑到民族的接受心理。同时，要重实质。如果过分追求缺乏内涵的形式只会适得其反。通常来说，一种品牌文化应为绝大多数目标消费者现时认同或追求，应尽可能与其生活相接近。

第六章

品牌是运营出来的

——经营品牌，而非单单经营产品

基层决定品牌形象；中层决定品牌文化；高层决定品牌价值。国家的机器就是靠立法来维护其运行，企业的发展也必须通过规则的设立来寻求稳定，对于企业而言，不断通过对规章制度的优化，来确保其科学性、正确性。企业对品牌“法”的掌握，大了讲是对国家法律法规的遵从，小了讲就是企业内部规章制度确保品牌的优化发展。

质量重要，但品牌创建不仅仅依靠质量

质量重要，但品牌创建不仅仅依靠质量，还要重视品牌运营。

品牌运营是指企业利用品牌这一最重要的无形资本，在营造强势品牌的基础上，更好地发挥强势品牌的扩张功能，促进产品的生产经营，使品牌资产有形化，实现企业长期成长和企业价值增值，它是从产品经营、资本运营发展而来的。

一、成功品牌运营三要素

成功品牌的价值是在竞争中体现的。从竞争的角度看，一个成功的品牌应该具有三要素：品牌的科技力、形象力和营销力。品牌的活力是由这三力合成的。

1. 科技力

科技力在品牌三要素中处于基础性地位，是成功品牌的基础。品牌并不是单纯靠广告能“吹”出来的。就其本身来看，品牌只不过是企业或企业商品的标志，因此，任何一个企业的品牌都离不开其商品（或服务）这个物质载体。

如果品牌不是建立在其商品品质和服务品质的基础上，就不可能树立起来。优良的品质离不开品牌的科技力，没有科技力，企业就不能开发出高技术含量的商品，就不能降低商品成本，就不可能提高商品性能、改进商品外观，就不能在竞争激烈的国内、国际市场上立足。

2. 形象力

形象力也是成功品牌不可缺少的。企业形象是企业的生命线，企业如果不能在社会公众面前树立起良好的形象，赢得社会的普遍好感与合作，是难以在社会上立足的。良好的企业形象一旦形成，就能在社会公众中形成较稳定的信心归属，形成极大的心理吸引力，有助于品牌营销的推进。

3. 营销力

营销力是在科技力和形象力的基础上通过品牌推广所形成的开拓市场、征服消费者的能力，是企业诸因素综合作用的结果。如果把企业品牌营销比作是一条巨龙，那么营销力是龙头，科技力和形象力就是两翼配合，进而带动龙身，则巨龙腾飞有望。

二、品牌运营必须视产品质量为品牌的生命

品牌运营是个复杂的系统，质量是关键。消费者选择产品，总是以上乘质量的产品为选择对象。企业如果不能透过商品与消费者进行完美沟通，是无法造就名牌的。

调查表明：认为品质比价格重要的消费者越来越多。在 1998 年比 1978 年提高了 50%，占到调查对象的 80%。强劲品牌，无一不是以其过硬的质量称雄国际市场的。比如："奔驰－600 型"轿车的广告是"如果有人发现发生故障、中途抛锚的奔驰车，我们将赠 10 万美元。"再如，松下电器之所以声名显赫，重要的一点就是质量高于一般的电器产品。

企业必须清楚地认识到，产品 1% 的缺陷，对买到产品的消费者来说，就是 100% 的损失，没有严格的质量管理作后盾，一个产品即便顺利诞生，也会很快走到衰退期。

三、品牌运营离不开广告的宣传作用

资料显示，在美国排在前 20 名的品牌，每个品牌平均每年广告投入费用为 2 亿～3 亿美元，而一些顶尖公司，如可口可乐，每年更是以 5 亿美元的广告投入，来制造轰动效应。因为他们知道，在这个竞争日益激烈的市场上，想保持与提高品牌的知名度和美誉度，时刻与消费者联系在一起，就离不开广告的有力宣传。

有力的广告宣传，把企业的信息及时传达给消费者，使消费者对品牌有个完整、丰满的印象，使他们对品牌有一定的感情倾向，品牌在竞争中便会处于优越位置。品牌竞争不仅是实力的较量，也同样是广告宣传的较量，重视宣传，不仅可以提高品牌美誉度与知名度，还可以塑造良好的品牌形象和企业形象。

四、品牌运营是品牌口碑的运营

品牌有两重含义，一是产品品牌，一是信誉品牌。产品品牌是有形的，是看得见、摸得着的，是品牌的基础：信誉品牌表面上是无形的，但却是“众人的口碑”，是社会的广泛认同。

调查表明：一个满意的顾客会引发八笔潜在的买卖，其中至少有一笔可以成交；一个不满意的顾客可以影响25人的购买意愿。由此可见，“用户告诉用户”的口碑影响力的巨大。而要赢得口碑，就要对各项基础工作做得非常细致、到位，并持之以恒。只有产品和服务水平超过顾客的期望，才能得到他们的推荐和宣传，为企业品牌赢得良好口碑，树立好的品牌形象。

五、品牌运营必须要培养名牌员工

品牌科技含量对品牌的竞争力有着相当重要的作用，而这必须要以人才为依托。企业要创立品牌，必须要有一流的人才作为支撑，以员工的高素质作为基础。

“欲创名牌产品必须先塑造名牌员工”，美国经济学家莱斯特·瑟罗指出，企业“提高竞争力的关键，在于提高基层员工的能力，也就是要造就名牌员工”。造就名牌员工，“企业就必须要加强员工的纪律和协作精神，全面提高员工的素质”。

摩托罗拉的每一位员工每年平均至少接受40小时的培训，因此公司才造就了一支具有12万之众合格的“摩托罗拉”员工队伍，让公司的营利率以12%的速度递增，赢得了“美国荣誉”的美称。

常改常新，尽善尽美——宝洁公司的品牌道路

一、没有谁关注一成不变的信息

在我国，没有用过宝洁产品的人恐怕不多。据估计，在我国日用化学品

市场上，宝洁产品所占的比例在60%左右。与麦当劳、可口可乐不同，宝洁公司对消费者的承诺是系列产品：海飞丝、舒肤佳、潘婷、飘柔、佳洁士、玉兰油……

这些著名品牌是宝洁公司在追踪消费者需求的基础上，经多年研究开发出来的。用宝洁公司董事长白波的话说："宝洁公司把消费者的需求当作其奋斗的目标，常改常新，尽善尽美。"

宝洁公司的历史可以用两个字来概括：一是老，二是新。宝洁公司创立于19世纪30年代，至今已160多年的历史，在世界500强里，历史恐怕是最悠久了，是名副其实的"百年老店"。在160多年的历史中，宝洁公司不断有新的品牌问世，到目前为止，已开发出300多种产品，说它新，一点也不为过。

1837年10月，一家以两个创办人命名的小企业在美国辛辛那提注册成立，开始人们对它并不在意，但没过多久，人们就发现，它的产品走进了各家各户的厨房和卫生间，人们对它不得不刮目相看，这家企业就是后来在世界洗涤用品行业中位居第一的宝洁公司。

宝洁开始是生产肥皂和蜡烛的，在激烈的市场竞争中，只能勉强维持度日。19世纪80年代，宝洁传到了第二代人手中，在两个人的通力合作下，宝洁开发出了一种成本低廉、质量优异的白色香皂，二人将其命名为象牙牌，并投入11000美元为其作广告。实践证明，他们的做法是正确的。消费者对象牙牌香皂的认可程度不断增强，到1890年，宝洁的年销售额已达到数百万美元。

宝洁向我国推介自己的产品是从老百姓的头发开始的。当"头屑去无踪，秀发更出众"的广告词出现在屏幕上时，人们认识了宝洁在我国推出的第一个品牌——海飞丝。

1988年8月，宝洁公司与广州肥皂厂、记黄浦有限公司，以及广州经济技术开发区联手，组建了广州宝洁有限公司。同年10月，海飞丝洗发香波在广州投产，4个月后，海飞丝产品正式投向市场。

宝洁告诉观众，头皮屑会影响一个人的形象。在海飞丝的广告中，一位著名影星因为头皮屑而失去了追星族的爱戴；同一个脑袋上，有头皮屑的一边和没有头皮屑的一边形成鲜明对照。调查表明，一个月后，海飞丝在广州的市场认知率达到99%。

此后，宝洁以广州为重点，将触角伸向北京、天津和成都等地，通过独资、合资、合作以及设立投资性机构的方式，将它的产品打向全国。到目前为止，宝洁公司已经在我国投资了11家企业，投资总额超过3亿元，这些企业效益大多良好，多数进入了全国最大500家外商投资企业行列。

从1993年开始，宝洁公司一直是全国轻工行业向国家上缴利税最多的企业。在投资的同时，宝洁继承技术创新的老传统，一边引进先进技术，一边在当地进行研究与开发，1998年4月，宝洁公司与清华大学合作，在我国建立了北京宝洁技术有限公司，这是宝洁公司在全球建立的第18个研究开发机构。

继海飞丝之后，宝洁在我国市场上又相继推出了“飘柔”“潘婷”“舒肤佳”“玉兰油”等一系列著名品牌，这些品牌在国内市场十分畅销。据1998年我国市场与媒体调查，在全国12个城市中，使用频率最高的前3种洗发水均来自宝洁。

以下就是宝洁公司在我国的品牌道路：

1988年10月，“海飞丝”洗发香波在广州投产；

1989年5月，“玉兰油”护肤用品上市；

1989年10月，推出“飘柔”二合一洗发水；

1990年9月，将原广州肥皂厂的“洁花”洗发精改造上市；

1991年10月，成功试产第一批符合宝洁质量标准的“护舒宝”卫生巾；

1992年3月，“潘婷”营养洗发水上市；

1992年11月，“舒肤佳”香皂面市；

1993年2月，“碧浪”超洁洗衣粉在广州市场露面；

1994年8月，推出“汰渍”洗衣粉；

1996年6月，“佳洁士”牙膏获全国牙防组和中华医学会的认可；

1997年5月，“帮宝适”婴儿纸尿裤在广州市场出现；

1997年9月，“沙宣”洗发露和润发露在上海全新上市；

1997年12月，“玉兰油”二合一润肤沐浴露及香皂在武汉全新上市。

二、找出品牌的兴奋点

保洁是如何找到品牌的兴奋点的呢？

1. 研究市场

“一个简单的人生原则就是了解她的需求，满足她的需求。这是我在35年的婚姻生活中找到的真理，在洗衣房里也同样奏效。”宝洁的首席执行长雷富礼常常用这种幽默的比喻来描述宝洁是一家为了满足女性需求而创生的企业。

为了了解女性的需求，雷富礼每隔一段时间会到商店里去，听听那些买了宝洁产品的女性顾客的看法。他还说服了一些宝洁管理人士跟在一群法国女人身后采购化妆品。

宝洁公司认为，成功的品牌开发来自市场调查。宝洁公司早在1925年便成立了市场调查部门，投入大量的时间与金钱，取得有关消费者需求的资料。这个部门在当时已具有迄今未改的形象：极为量化取向；拥有实力雄厚的广告媒体；为取得更快、更精确的资料，不惜投入大量的时间与金钱；可独立于业务部门的客观性；仍然保持着一种神秘色彩。

宝洁公司如何创立品牌？首先，对市场进行研究。新产品的产生，首先是对市场的调查研究，它有两个目标：一是已拥有这个产品，调查消费者还有什么要求；二是完全没有这种产品，这就需要了解消费者的需求，开发新产品。

宝洁公司建立的专业调查队伍，他们的足迹遍及全国城乡。调查人员深入普通百姓家庭，与消费者同吃、同住，观察他们的生活习惯，看他们如何洗衣服、如何刷牙、如何洗头、如何给孩子换尿布。据公司称，十年来，他们用这种办法，与数十万计的消费者进行了接触。他们的调研方式还包括定量样本研究、定性效果分析、举办消费者座谈会、入户访问、商店调查等。

在深入调查研究的基础上，宝洁公司推出了调整配方后的沙宣洗发液，增加了其中的保湿成分，体现出了东方人发质的自然柔韧；推出了洁花、田七、人参、当归洗发精，以适应国人崇尚天然植物洗发水的消费习惯；推出了结合中医理论、含有中草药配方的佳洁士多合一牙膏。这些产品上市后，很快就受到了老百姓的喜爱。

对市场上的同类产品进行比较是市场调查的一个重要内容。同类产品的比较是宝洁公司采用的一个重要方法，为了使产品过硬，首先要把新产品与其他产品用同一标志分两组进行盲测，一组是宝洁的产品，另一组是宝洁以外的市场上流行的几种品牌。盲测的结果主要是给自己看。如果产品本身是好的，还需作进一步的市场调研，以了解该产品能否带来效益。

2. 塑造形象

产品开发出来后，还要进行宣传，让老百姓认识它、接受它，这就需要广告。宝洁公司认为，广告创意应当永远先行。宝洁公司的成长，就是和广告公司共同成长的过程。宝洁公司在报纸、杂志、电视、电台等主要媒体都投入了巨额广告费，但鉴于公司主要生产大宗低利的家庭日用消费品，因此它把大部分广告费投放在了电视这一最大众化的媒体上。

从宝洁公司的电视广告中，可以看出宝洁对广告的态度——广告的首要任务是有效地传递商品信息，而不是单纯的艺术和娱乐。多年来，宝洁在产品的宣传推介过程中形成了一些自己的风格，经过调查研究和实践，他们认为这些风格是最有效的，也是不轻易改变的，如汰渍、佳洁士牙膏、象牙肥皂的广告策略几十年来一直都保持不变。

风格一，一则电视广告总是向消费者承诺一个最重要的利益点。如果存在两个或更多的利益时，他们宁可在同一时期内推出两个广告，分别承诺同一产品的不同利益点。比如：宝洁公司在我国推出的几种洗发液，海飞丝的承诺是“去头屑”，潘婷是“健康头发”，飘柔是“柔顺”，其实海飞丝与飘柔的配方和实际功效非常相近，只不过在广告中作了不同的利益承诺而已。

风格二，确保广告信息的有效传递。宝洁公司认为，广告是一种投资形式，必须产生经济效益——有效地把产品介绍给消费者，为消费者所接受。因此他们在广告写作前、广告制作后、产品市场试销三个阶段都要对广告信息的传递效果进行测试。

风格三，直观地表现产品特点和功能。他们的每个广告都要有一个使人“确信的片段”，让消费者直观地感知产品的特点和功能。宝洁公司的电视广告60%以上采用了演示说明或比较方法，比如：护舒宝卫生巾如何更能吸收液体，海飞丝怎么有效去头屑，佳洁士牙膏如何能护理健齿、有效去除牙垢等。

风格四，使用权威证明。舒肤佳肥皂广告以“我国医学会认可”作为权威证明，佳洁士牙膏广告中使用了“全国牙防组认可”，潘婷洗发液运用了“瑞士维他命研究院实验证明”。在崇尚科学的今天，这种权威证明对提高产品可信度和可靠性具有重要作用。

风格五，不用名人。宝洁公司的电视广告大多由不知名的人完成，很少用名人。他们认为，大众家庭用品的广告应贴近消费者，运用消费者熟悉的情景和语言与消费者直接交谈。名人对他们的产品和广告方式不合适。在众多的广告中，只有飘柔洗发液用了网球明星张德培，这可以说是宝洁的一个例外。

风格六，少用黄金时段。宝洁大约只有30%的电视广告出现在黄金时段，他们更喜欢在白天和深夜做广告。他们把30秒广告逐渐增加到45秒，因为他们感到，增加15秒时间能更有效地利用情景，更有效地吸引观众。

风格七，尽量使用语言。宝洁公司喜欢在电视广告中使用语言，他们觉得语言更能推销产品。他们的电视广告用语言表达承诺，强调产品的优越性。广告结束时再重复承诺。在30秒的广告中往往要用100个以上的词语，品牌名称平均要出现三四次。

风格八，不轻易舍弃有效的广告，不管它用了多久。宝洁一旦推出了有效的广告，他们决不轻易放弃，会在很长一段时期内一直使用，直到失去效果为止。

风格九，持续的广告攻势。宝洁公司不仅在投放新品牌时进行大力的广告宣传，对市场上获得成功的品牌也继续投入大量的广告费予以支持。几乎所有的宝洁产品通年做广告，他们发现这比做六周停六周的跳跃式宣传更有效，而且能够节约大量的费用。

多点造势，彰示品牌领导地位

一、热点

借助新闻热点事件一直都是企业喜欢使用的借势造势手段。从“神舟”五号的发射成功，到伊拉克战争，不能不佩服广告人反应速度之快，短短几天时间内，甚至在事件发生之前，相关广告片就铺天盖地地袭来。伊拉克战争期间，那边战事正在进行，这边以和平为主题的广告片就已经播放了。

借助热点事件的影响力，能够引起更大的关注，越来越多的商家意识到这是个契机。

1. 巧搭热点事件顺风车

国内媒体近年来广告收费居高不下，中央台标王之争由数年前的几百万元飙升至几千万元、几亿元，地方卫视媒体也随之“水涨船高”，许多企业有好的产品却苦于无宣传经费，只能对此望“台”兴叹。不打广告，产品可能卖不出去；打广告，说不定会负债而死。信息传播过剩和媒体多元化造成的信息干扰，也令很多广告的效果大打折扣。

在这种情况下，怎么办？借热点事件造势便应运而生。借热点事件造势是指借助一些热点新闻事件，使企业的信息在短时间内达到最大最优的传播效果，甚至能让企业或产品一夜成名，为企业节约大量的宣传成本。

事实证明，借热点事件造势无论是在投入还是在知名度的提升方面，回报率都超过其他广告形式。

2. 热点事件带来免费午餐

借热点事件造势，就是企业抓住社会上的热点事件，借此引申或者巧妙策划出某一话题或事件，使人们的注意力由关注热点事件转到关注企业的方向上来。而此时企业在借热点事件造势方面的努力更多的应是在广告上的运用，借热点事件造势的高层次运用是将企业的品牌形象融合到热点事件中，当人们关注热点事件的进行与发展时，可以自然地想到某个品牌。

在当今媒体爆炸、信息量高度密集的时代，人们每天直接和间接接受的产品品牌信息多达数千条，大型超市里陈列的货品的种类也是成千上万，可是人们能够记住的却寥寥无几，因而借热点事件造势也就愈演愈烈，成为一种相当流行的造势手段。

另外，与广告和其他传播活动相比，借热点事件造势能够以最快的速度、在最短的时间内创造最大的影响，往往能取得四两拨千斤的广泛传播效果。这对许多企业而言，相当具有诱惑力。如今，越来越多的企业抓住“热点事件”这只撒手锏，乐此不疲地制造各种新鲜事件，试图在吸引消费者眼球的同时，扩大企业及产品的知名度，进而让消费者为企业埋单。

“神舟”五号的成功返航，标志着我国向世界航空领域第三大国迈出了成功的一步，也是令全球华人深感骄傲和自豪的大事，民众心中的喜悦自不待言。

农夫山泉敏锐地发现了这一重大新闻事件的内涵，巧妙地把自身品牌的特征“有点甜”这一诉求与“神舟”五号成功返航这一事件内涵联系起来，互相诠释，交相辉映，使消费者在为“神舟”五号成功返航欢欣鼓舞的时候体味到农夫山泉的“有点甜”，在痛饮“有点甜”的农夫山泉时回味到“神舟”五号成功返航时的欢欣鼓舞，这实在是妙！

3. 热点事件造势的优势

借热点事件造势，不仅是小企业企图扳回弱势的一种选择，更多的大企业甚至跨国企业也借热点事件造势，如宝洁、IBM，也将事件营销作为品牌推广传播的重要手段。特别是中小企业，由于资金实力有限，不可能有大把的钱去做广告。而巧妙借热点事件进行造势，可以让企业顺利搭上通往成功彼岸的廉价便车，何乐而不为？

借热点事件造势的优势体现在这样几个方面。

（1）消费者的信息接收障碍比较小

造势的传播最终体现在新闻上，受众按照对新闻的信任程度来接收信息。这种情况下，有效地避免了广告被人们本能地排斥、反感、冷落的情况，受众对于其中内容的信任程度远远要高于广告。

（2）传播深度和层次要高

一个事件如果成了热点，会成为人们津津乐道、互相沟通的话题，传播层次不仅仅限于看到这条新闻的读者或观众，还可以形成二次传播；而相比之下，广告的传播效果，一般说来只是看见的就看见，没看见的就没看见了，传播就局限在一个有限的层面上。

（3）成本低

统计显示，企业运用造势取得的传播投资回报率，约为一般传统广告的3倍，能有效地帮助企业建立商品品牌的形象，直接或间接地影响和推动商品的销售。

二、潮点

苹果、佳能旗下多个系列产品近年不断打年轻人牌，效果斐然；其中特别是苹果的 iPhone 和 iPad 等电子产品更成为年轻人之间“潮”的标志。这些产品定位和宣传方式的成功无一不向其他商家证明80后不应该像以往那般被市场认为只是一群不懂事的小毛孩，恰恰相反，他们在很多消费品上已经超越其父辈而形成了一个主流的消费群。

如今，越来越多公司在宣传方向上的改变都告诉我们：闭门造车般硬性推销商品已经过时，面对这群有活力有创意的80后，商家应该清楚地知道他们对“潮”的感性追求已远远多于产品本身，更重要的是，他们或许比你的创意队伍更懂得创造潮流。

1. 创造潮流的一代人

年轻人大多思想开放，容易接受新事物，他们往往是某些新产品的首批购买者和消费带头人，已经成为主流的80后摆脱小时候模仿的方式。他们追求与众不同的风格，在消费中还要求反映他们的个性，不仅会去观察什么最“潮”，更会把观察到的潮流与自身结合，形成自己的一套风格，这样会使他们更有满足感。

Look－Look Magazine的创办人曾在其采访中说：潮流传播的年轻人像一个正三角形，分四等：第一等是“改革者”，他们创造潮流，所占人数比例最少；第二等是“潮流导向者”，他们学习改革者的潮流并据为已有；第三等是“采用者”，他们使导向者的潮流变得符合大众口味；最下面的是普通年轻人。这个群体结构在任何时代都存在，但由于有了网络，“改革者”和“潮流导向者”更能受到关注。

（1）他们是潮流的自我发行人

以往潮流的产生要么通过电视和杂志，要么通过公司创意团队的不断渲染，那时候就算有自己的创意也会因没有平台而注定成为小众，大部分年轻人跟随的仍是媒体潮流。现在的80后却是完全不一样的景象，他们在创造了独特的潮流后即使得不到周围朋友的认同，仍然可以放上You tube、论坛等网络年轻人聚居地，就像发行杂志一样在网上散布给各地网友，于是便经常产生如Apple Girl这些爆红网络的潮人。

（2）他们是潮流的自主传播人

网络对年轻人来说是非常好的接触信息媒介、娱乐和信息交流工具，他们在网络上寻找自己所需要的潮流信息、交流思想、展现自我，通过网络了解商品、追求时尚，年轻人始终站在互联网应用的最前沿。

网络对于他们更重要的角色就是满足他们“传播”的欲望，喜欢猎奇的

80后很愿意把他们感兴趣的东西告诉别人，于是社交网站和视频网站在这几年红得似火。他们不但把自己发现的“潮”点发布在了网上，还会把朋友分享的东西进行再分享。对于他们来说，这种做法并不是为了利益，而是纯粹因为认同和欣赏而行，也因为这股免费传播的力量而捧红了一大群如“巴士阿叔”“犀利哥”的人物。

2. 商品与潮流“联姻”

80后在网络上引起的潮流和令人惊叹的传播不断地刮起一波波的新潮流，企业一定要看到他们在网络上的活跃可以成为商品高效的免费宣传，但前提是你商品的创意达到80后认可的“潮”点，才能触发到这种行为。

（1）创造与商品结合的潮流

80后对“潮”的主见往往使他们更关注新崛起的潮流，而对于已经泛滥的潮流反而会产生排斥。仅仅让商品跟随潮流将很难让80后认为你“潮”，但如果在商品面世之前能预先创造一股别具一格的潮流作为铺垫，商品一定会受到最大瞩目。

（2）捕捉潮人潮物快狠准

LV给人的感觉是高贵奢侈，但就是这样的品牌居然在其纽约的一间店面架起了一个巨大的涂鸦风格的LV标志，通过与街头涂鸦潮流的强烈撞击，LV的街头风手袋引起不少轰动。

这个故事告诉我们，当不上“改革者”不要紧，只要当得上紧贴“改革”潮人的“导向者”就足够了。普通商家未必有资源、有时间去创造潮流，但我们仍然可以花些时间到街上观察最新的潮流、关注潮人的最近爱好，还可以留意在网络上兴起的事物，捕捉回来的第一手潮流，完美地融入商品宣传里，令年轻人认为这个商品够“潮”。

3. 网络仍是商家吸引80后的平台

迪士尼公司曾进行过一次针对我国年轻人现状的网络调查，调查显示，在来自社交网站开心网、名人博客及十个热门论坛的1850多名网友中，超过86.7%的网友曾有过在网上购买时尚单品的经验，79.1%承认自己会受到网络上的时尚人士、博主或卖家影响从而改变自己的时尚风格和理念，近1/3的人认为这一代年轻人正在变得越来越时尚。可见，网络不但能让商家捕捉潮流，还是商家传播潮流的理想平台。

由于网络没有时间和空间的限制，商家创造出任何新潮点子，或是推广一个潮流为商品造势时，都可以轻易通过社交网站、网络视频、论坛甚至电子邮件进行传播，只要你的点子能成为噱头，成千上万的年轻网民便会自发地把你的“潮”信息散布开。

如今，已经有不少公司在这么做了，他们会找个时尚女生穿上自家品牌的衣服，把她打造成为一个搭配达人，然后把拍下来的照片发布在网络上，当这个女生红起来的时候也会带起这个品牌的衣服受欢迎。

现在，80 后正渐渐成长为消费主力军之一，他们对“潮”的追求比以往年代的人更个性；而作为商家，在推出迎合他们心意的商品前需要了解、观察、准备潮流，以便随时在他们定下的方向上领先他们一丁点儿。

三、亮点

当英国威廉王子提着婴儿篮离开医院时，全英国国民的目光都落到了襁褓中的小王子身上。彼时，盖在他身上那条点缀着小鸟图案的婴儿毯也一起进入了公众视线。

这条来自纽约布鲁克林的某儿童品牌的婴儿毯在小王子露面 4 小时之内即被媒体搜索出来，无须厂家任何宣传，品牌官网流量激增，其中来自英国的访客增长了 20 倍，来自美国的访客增长了 5 倍。其官网在此后 9 天内共收到了 7000 个订单，较往年同期约增长了 7 倍。

小王子所盖的婴儿毯之所以受到公众追捧，在于英国王室的正面形象提升了该婴儿用品品牌的可信度。在公众的眼里，能被王室选用的婴儿用品安全系数势必较高。加之，此次婴儿毯品牌的曝光前期不牵涉品牌主动营销，曝光后期品牌参与的痕迹也不明显，此时，公众对产品的信任感更多地源自对王室的信任，而不是品牌行为。

据报道称，这条广受欢迎的婴儿毯是凯特王妃亲自挑选的，王妃这一无意之举引发了产品热卖。名人效应的影响可见一斑！

品牌为了培育公众对品牌的信任和忠诚度，往往会挑选形象正面、符合品牌定位的代言人、邀请明星参与宣传，或是赞助名人活动，以此来扩大宣传效果。名人这张宣传牌在时尚界的影响力是毋庸置疑的，但任何利益和危机都是相生相伴的。名人如出现个人的不当行为或言论，对品牌造成的负面影响有时也是难以估量的。

从目前情况来看，最高明的名人营销手法是将公众认可度高或曝光率较高的名人自然地与品牌联系起来，摒弃生搬硬套的方式，让公众在自己可以接受的认知范围内自觉自愿地接受宣传，达到此时无声胜有声的效果。

四、新点

“星期八”是一家以经营特色小吃、商务快餐为主的餐饮店。凭借老板的机智果敢，闯出了一条自我滚动、快速发展的创业新路径。今天，“星期八”已经拥有六家连锁店，近百名员工，成为厦门市规模较大的连锁快餐店。

1. “星期八”诞生，初露峥嵘

2002 年，作业务出身的李锋做出了一个最重大的决定——开一家餐饮店。他明白，在餐饮业高度同质化的今天，如果去走传统餐饮业的老路，只能是“拾人牙慧”，没有出路。李锋决定开办一家当时并不为同行所看好的快餐店。为此，李锋决定从以下三个方面入手。

（1）另类的店名

店名是传递给消费者的第一个信号，可以说，一个好的店名是餐饮店成功的一半。为了吸引消费者的眼球，李锋决定将店名定为“星期八”，其含义是“跨越时空概念，体会新感觉、新味道”。

（2）确定主营业务

“星期八”打出了“地方特色小吃 + 快餐”的组合，更容易切入市场。快餐相对于传统餐饮业来说，具有不赊销、周转快、经营灵活的特点。

（3）优选店址

为了拥有较大的客流量，李锋把店址选在繁华的都市村庄与市区“接壤”的商业步行街上，在购置了餐饮设备、聘请了厨师、培训了新员工后，李锋的“星期八”快餐店正式开业。

2. 开业造势，旗开得胜

对“星期八”而言，如何利用开业的时机，让更多的人知道“星期八快餐店”至关重要。为此，李锋和他的团队采取了如下的策略。

（1）精心设计门头

采用黄底红字精心制作“星期八快餐店”店招和LOGO，醒目大方，令人耳目一新。

（2）成功造势

在开业当天，上午街舞演出，傍晚戏曲表演，吸引了不少顾客前来。开业演出活动大大提升了“星期八”快餐店的知名度和美誉度。

（3）推出促销活动

开业之前，李锋组织印制了很多精美的宣传单，在附近家属区、社区大量散发。经过李锋这么一番“折腾”，开业那天，果然人头攒动，顾客盈门，上座率达到了100%，极大地鼓舞和振奋了李锋和他的团队。

3. 趁热打铁，开辟“第二战场”

成功开业后，李锋并没有“坐以待币”，而是把营销做到了店外，积极开发客户。

（1）与宾馆或旅馆“联姻”，锁定早餐市场

李锋与附近的中低档宾馆展开合作，为其提供早餐外包业务。短短一个月的时间内，附近的十多个中小型宾馆被悉数拿下，“星期八快餐店”成了这些宾馆的“外餐厅”，盘点下来，虽然利润不是特别丰厚，但最大的收获是“踢开了头三脚”，为以后的快速迅猛发展打下了良好的基础。

（2）积极地开拓商务套餐业务

李锋亲自带领助手，在附近的一些商务大厦，大量散发“星期八快餐店”便民服务卡，他还多次登门拜访了一些公司的有关领导或部门负责人，洽谈午餐供应事宜，甚至还邀请他们到快餐店现场考察与参观，让他们感受“星期八快餐店”的优质与特色。李锋通过摒弃传统的“坐商”形式，主动走出去，大力开拓自己的“第二战场”，从而让其外来业务蓬蓬勃勃地开展起来，并且势头越来越猛，越来越喜人。

五、创意点

品牌由众多因素构成，如产品质量要好，这是品牌确立的基础；商品要美观，要实用；要适应消费水平；要注意消费者的反映，并以此作为改进产品质量、花色品种的重要依据；对品牌宣传要有计划、有目的，更要有科学

性和实用性。

一家公司新来的业务经理被安排前往客户那里洽谈业务。可是，当他回来汇报成果时，答案却是“一无所获”。问及原因，公司老总才明白了缘由。原来，在客户的洽谈现场，有众多公司的业务经理依席而坐。而这位业务经理却被安排在最不显眼的位置。老总没有责怪这位经理，反而通过此事开始思考自己公司的品牌形象建设……

是的，随着我国经济社会的日臻成熟，“二八定律”已是人所共知，于是乎占着80%收入贡献比的大客户成了香饽饽。在拼抢大客户的竞争中，谁能成为胜者，让大客户“我的心中只有你没有他”？

通常的做法是——低价。但低价并非人人都玩得起、玩得转。它不但要戴上一顶“恶性竞争”的帽子，成为全民“公敌”，而且在商品“利润像刀片一样薄”（张瑞敏语）的今天，也无异于饮鸩止渴，自绝市场。这样的例子在竞争最惨烈的家电市场和手机市场不胜枚举。

其实，低价带给经营的上述伤害，只是皮外伤，本不致命，但很多企业确实因低价拓市而轰然倒塌。可以说，每一次拉低价格，也是对品牌的一次自我贬值，品牌赖以存在的美誉度与公信度急速下滑。而且这种下滑，覆水难收，不可逆转。因为，从此你很难将品牌重建。品牌弱则市场小，路越来越窄，直至走投无路。如此，抽丝剥茧之后，很多人便看到了撬动市场、吸引大客户的真正坚硬的内核——品牌。

就分类来说，大客户，无疑属于高端客户。这类客户的最大特点，已不完全在乎价格，而是品牌背后的质量和服务保证，甚至是使用某种品牌的产品（或服务）带来的虚荣心和满足感。

在电影《大腕》中，有一句台词广为流传：不求最好，但求最贵。此言虽然夸大了“高端们”的面子心态，但也在一定程度上反映出这个用户群体的潜意识消费心理。在这种心理支配下，他们笃信品牌，非名牌不“娶”。同时，他们的行为和理念，也很快波及整个市场，形成一股牢不可破的品牌热。

那么，在如火如荼的竞争中，如何做亮品牌，打动大客户的“芳心”呢？虽然黄金搭档、脑白金广告看得人想吐，征途广告有违规操作之嫌，但品牌号召力上去了，丝毫不影响其成为纳斯达克的神话和福布斯上的英雄。

近年，广告业产值一路走高，有些曾名不见经传的公司大受VC青睐并成功上市，皆得益于广告是一个可以成就“功名”的平台。

当然，做亮品牌还有很多旁门左道，比如，像马云、潘石屹、牛根生这些著名的企业家，本该在办公室日理万机才是，但却频频亮相于银屏、封面、网络，知名度堪比大牌明星。姑且不论动因如何，他们的光鲜亮相有力地带动了背后的品牌升值却是显而易见的。

从价值链到价值网

一、价值链

企业要生存和发展，必须为企业的股东和其他利益集团包括员工、顾客、供货商以及所在地区和相关行业等创造价值。如果把“企业”这个“黑匣子”打开，就可以把企业创造价值的过程分解为一系列互不相同但又相互关联的经济活动，或者称之为“增值活动”，其总和即构成企业的“价值链”。

价值链在经济活动中是无处不在的，上下游关联的企业与企业之间存在行业价值链，企业内部各业务单元的联系构成了企业的价值链，企业内部各业务单元之间也存在着价值链联结。价值链上的每一项价值活动都会对企业最终能够实现多大的价值造成影响。

波特的“价值链”埋论揭示，企业与企业的竞争，不只是某个环节的竞争，而是整个价值链的竞争，而整个价值链的综合竞争力决定企业的竞争力。用波特的话来说：“消费者心目中的价值由一连串企业内部物质与技术上的具体活动与利润所构成，当你和其他企业竞争时，其实是内部多项活动在进行竞争，而不是某一项活动的竞争。”

二、价值网

价值网是由客户、供应商、合作企业和他们之间的信息流构成的动态网络。它是由真实的顾客需求所触发，能够快速可靠地对顾客偏好作出反应的一个网状架构。价值网的概念突破了原有价值链的范畴，之所以称之为价值网是因为它为所有参与者：企业、供应商和顾客都提供价值，并且参与者之间是基于相互协作的、数字化的网络而运作的。

1. 价值网是一种以顾客为核心的价值创造体系

优越的顾客价值是价值网模型中价值创造的目标。价值网是一种需求拉动系统，正是顾客需要激活了整个价值网络，企业在制度战略时要突破旧的思维定式，把以顾客价值为核心的理念导入到企业战略和经营活动中，只有这样才能构筑起企业的竞争优势。

战略逻辑与远景层面是企业整体竞争优势的指导与支撑，决定着企业整体战略的发展方向，可以并将企业中看似对立的活动有机地整合在一起。比如：福特汽车公司的座右铭是"使每一个美国人开上汽车"，这就为公司在其他竞争层面为顾客创造了其竞争对手无法提供的价值。

在价值链配置层面上，企业的竞争优势或来自于采购、供应、设计、生产、营销等过程中许多相互独立的活动，或来自于企业的相对成本地位和差别化程度，或来自于由上述活动和上、下游产业的价值链所形成的价值链配置系统。企业通过价值链配置系统，不仅可以把质量、创新和价值传递给顾客，还能把顾客不断变化的需求反馈给企业。

在最终产品层面上，其最终竞争优势的取得主要是与顾客实际感知的产品（或服务）有关，它主要体现在成本优势和差异化优势上。在最终产品层面上，关键在于预测顾客需求的能力和勇于创新的企业文化，再加上建立和维持模仿障碍的能力，获得持续的竞争优势。

2. 采取以紧密合作为基础的双赢竞争策略

在传统的竞争思维模式下，彼此的利益相互对立，比如，供应商处于垄断强势地位，他的高价策略将使企业、互补者、竞争者、顾客同时遭受损失。因此，传统边界确定的价值网络有可能使各方陷入恶性竞争。

而在合作的思维模式下，彼此的利益相互捆绑，参与各方致力于创造新的价值增值，实现价值总量的增加。这是谋求自身价值增长而又不损及对方并导致攻击的最优策略。在这样的策略指导下，价值网络的共赢成为可能。

3. 走以塑造核心能力为主要手段的成员成长之路

核心能力是价值网得以存在和运行的关键环节，是合作关系建立的基础。

价值网强调成员公司核心能力的优化整合，发挥成员之间的协同效应，以最有效地实现顾客价值。

（1）分解收缩价值链，专注于核心能力

消费者的需求日益多样化、产品加工程度提高使得社会分工越来越细化，于是价值链的增值环节变得越来越多，结构也更复杂，一种产品从开发、生产到营销、运输所形成的价值链过程已很少能由一家企业来完成。

价值链分解收缩模式强调做精做强而非做大做全，只控制那些具有战略意义和创造利润多的环节，并在这些环节上保持垄断优势。同时，把其他相对次要、创利不多的环节分解出去，尽量利用市场，降低成本，增加灵活性。

（2）集成价值链，实现总成本领先

价值链的不断分解使市场上出现了许多相对独立且具有一定比较优势的增值环节，这些原本属于某个价值链的环节一旦独立出来，未必只对应于某个特定的价值链，也有可能加入到其他相关的价值链中去。

可是，要让这些分散的环节创造出新的价值，必须用一个价值链把它们有机地串联起来，设计一个新的价值链，通过市场选择最优的环节，把它们联结起来，创造出新的价值。例如，家用电脑商根据顾客的需要，选择英特尔的芯片。

价值链集成整合可以使几家甚至多家企业在一个完整的价值链中，各自选取能发挥自己最大比较优势的环节，携手合作共同完成价值链的全过程，更有效地利用资源和分享客户资源，进而最大幅度地降低最终产品成本，实现更高的增值效益，保证企业获得最大的投入产出比。

（3）发挥价值链的协同效应，培育企业的核心能力

协同效应是指，企业整体协调后所产生的整体功能的增强。企业在战略管理的支配下，内部实现整体性协调后，内部各活动的功能耦合而成的整体性功能要远远超出企业各战略活动的功能之和，可以简单地表示为“1 + 1 > 2”。正是这种隐性的、不易被识别的价值增值，为企业带来了竞争优势。

企业核心能力来源于企业价值链管理的协同效应表现在两个方面：一方面，企业的研发、设计、采购、生产、营销、服务，以及人力资源管理的协调统一，各分支机构在资源上的共享、资金上的互补、人员的合理流动等使成本降低；另一方面，各项战略活动的协调互补可以使一项新的管理经验得以不断推广和创新，能够使一项新的技术应用于相关或相似的活动当中去，

从而使产品不断创新。

海尔总裁张瑞敏把海尔的管理经验总结为：“海尔管理模式 = 日本管理（团队精神和吃苦精神） + 美国管理（个性发展和创新） + 中国传统文化中的管理精髓”。然而，海尔的管理绝对不是这三者的简单相加，而三者各占多大比例以及怎样融合在一起是很难被量化的，这就是协同的魅力所在。

采购—制造—销售，每一步都是价值的升值过程，这种升值只能称为：产品的成本、设计价值、增值环节，而品牌的升值得从以下价值网的结构来展开，才形成倍增效应、协同效应、马太效应、价值共振，如下图所示。

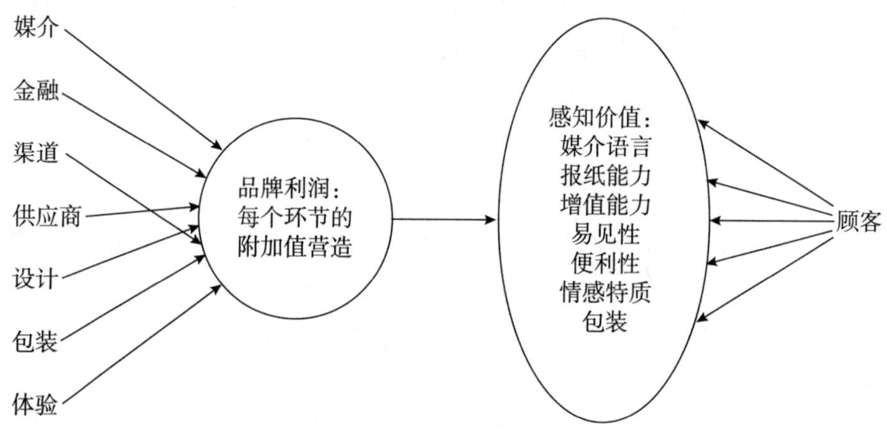

产品的价值网结构图

第七章

赢在最后一公里

——售后服务对品牌形象的再传播

如今，大多数企业都在售后服务上下足了功夫。当产品质量和价格不相上下的时候，谁为顾客提供的服务好，谁就更能赢得客户的心。售后服务是对品牌形象的再传播，只有将我们的服务做到品牌化，创建一套基于顾客忠诚的服务体系，才能在最后一公里的历程中获胜！

商无信不兴

售后服务是整个商品销售过程的一个重点，是激烈的市场竞争中的必然产物，是品牌立足于强手之林的基础，更是企业销售产品的责任和义务。“人无信不立，商无信不兴”，诚信是立身之本，是企业生存和发展的要素。要想做好售后服务，首先就要守信！

这些天，刘小姐的心情很不好。为什么，事情还要从一台打印机说起。

6 月初的时候，刘小姐所在的公司从一家知名 IT 厂商那里购买了一批 IT 硬件设备。可是，在这些 IT 设备投入使用的过程中，一台打印机让刘小姐和她的同事们伤透了脑筋。

在售前咨询的时候，刘小姐向厂家明确提出：要购买一台工作组级打印机，打印机必须能受多台 PC 独立掌控。对方销售员给出了口头承诺：“放心吧！我们的打印机都能实现这个功能。”

可是，收到货后，刘小姐却发现，所购买的打印机是不符合要求的，根本就不能实现多台 PC 独立掌控的功能。开始的时候，刘小姐觉得，虽然产品不符合要求，可是替换打印机的手续比较烦琐，就没有向厂家提出异议。可是，接下来，围绕这台打印机发生了一系列让刘小姐无法接受的事情——销售人员出尔反尔，对自己的承诺不认账。

在日常办公的过程中，这台打印机出现了好几次死机的现象，无法正常工作。在没有办法的情况下，刘小姐给销售员打去了电话，销售员口头承诺说：可以为他们更换产品，但必须把发票寄回厂家。刘小姐看到对方态度诚恳，很快便将发票邮寄了过去。可是，在刘小姐把发票退给厂家后，那位销售员就消失了。

当刘小姐再次与那位销售人员联系时，他的态度出现了 180 度的大转变：“你们的情况不符合退机的条件，去找客服解决退机问题吧。”刘小姐急忙又去找客服，可是客服的答复更给刘小姐当头泼了一盆冷水：“按照我公司客服的规定，这台打印机是不能退货的！”

听到客服这样的回答，刘小姐只能再转过头来找那位销售员。结果，销售人员却使出了自己的撒手锏——不承认自己先前做过“这台打印机可以退机”的承诺，说：“谁答应你可以退货的？我从来都没有说过这样的话！”

事情发展到这一步，双方进入了僵持阶段。一直拖到现在，刘小姐的打印机问题也没有得到有效解决。

销售人员之所以要销售产品，主要是想将产品推销出去，因此在售前咨询的过程中他们就会对消费者进行虚假的口头承诺。在刘小姐提出退机的要求后，销售人员先拿到了发票等“证据”，然后将消费者的权益抛到脑后，和刘小姐翻脸。从销售员个人的角度来分析，这名销售人员是不负责任的，只想一心赚快钱。

俗话说得好：“赠人玫瑰，手有余香！”只有这样，企业才能获得长期而和谐的发展。事业在发展，时代在进步，守信是做人的根本，更是企业发展的根本。不管你在任何时候，企业的售后服务都应该诚实守信。

亮出“101%服务品牌”

其实，很多时候，服务本身的价值会超过硬件产品本身，有些顾客为了得到更优质的服务，宁可多跑一些路到服务水平高的地方去消费。从根本上说，提供超值服务既是一种“价格战”，又是一种“心理战”。

之所以说它是“价格战”，主要是因为在不提高服务价格的同时，提供一些额外的服务，实质上就是变相的降价；对顾客来说，同样的价格可以多享受一些服务，从而有效降低成本，获得更大的满足感。

说它是“心理战”，因为变相降价是服务方主动提出来的，既可以充分地将服务方的诚意显示出来，也可以借此拉近与顾客的距离，满足其心理需求，使顾客感受到较好的身份感。

一、何为超值服务

所谓超值服务，就是企业所提供的服务除了满足顾客的正常需要外，还要提供部分超出了正常需求以外的服务，使服务质量超出顾客的正常预期水平。通常来说，分为三类：售前超值服务、售中超值服务和售后超值服务，具体区别如下表所示。

超值服务的种类

分　类	说　　明
售前超值服务	在产品上市之前，要做好售前调研、售前培训、售前准备和售前接触四个环节的工作。比如：在销售之前，邀请各方代表进行“消费者模拟定价”，拉近客户的距离
售中超值服务	在销售现场，客户服务人员的言行规范和各种身体语言的良好表达，和其他超过客户心理期待的服务内容
售后超值服务	在产品到达客户手中后，客服人员进行售后服务时提供给客户的超出其期望值的服务，比如：帮助顾客做一些力所能及的额外事情等

二、超值服务的表现

超值服务表现在哪些方面呢？具体来说，可以包括这样一些方式：

（1）站在顾客的立场上，给顾客提供相应的咨询服务；

（2）为顾客提供其所需要的信息；

（3）注重感情投资，逢年过节的时候会寄些小卡片、送些小礼品等；

（4）主动向顾客寻求信息反馈，并向其提供所需的服务；

（5）实实在在地为顾客做一些延伸服务，使顾客体会到所接受服务的“超值”；

（6）在业务和道德允许的范围内，为顾客提供一些办理私人事务的方便。

三、提供超值服务的注意环节

提供超值服务的时候，有些事情是需要注意的。

1. 确立正确的超值服务理念

每个客服人员都应该牢固掌握超值服务的理念，用来指导自己的服务实践，为客户带来超值享受，确保客户的忠诚。

2. 耐心细致，态度和蔼可亲

在提供超值服务时，要让客户感觉到你是真心在为他服务，而不是敷衍塞责。因此，工作人员在提供服务时，一定要保持友好的态度，要及时、耐心地解答客户的问题。

3. 细心观察，捕捉客户的超值服务点

要认真观察客户的细节，了解客户真正关心的问题、困难，然后给顾客提供帮助，这是赢得客户忠诚的最好办法。

4. 不要盲目承诺

给客户提供的超值服务，一定是在自己力所能及的范围内进行，千万不要不切实际地承诺，更不能盲目行动。

把服务做到品牌化

什么是品牌？究其根本，品牌就是一种独特的“身份”。大众可以通过品牌迅速了解企业的基本状况，如产品、服务和销售等。

一、品牌化的客户服务

什么是品牌化的客户服务？指的是，进一步提高品牌独特性的重要方法。

品牌式的客户服务与普通的客户服务是不一样的，不仅仅是指优秀的客户服务。这是一种用战略性的、规范化的方式来提供品牌式的客户体验，不仅可以有效增强品牌对公众的承诺，还能充分发挥品牌的精髓，为目标市场增值。

品牌式客户服务，充分借助并发挥了品牌的力量，可以体现出超凡的价值。当顾客的服务体验和企业的品牌承诺完全一致的时候，就会产生一种爆炸式的放大作用，远比一个老幼皆知的品牌更能吸引顾客；一旦顾客的服务体验和企业的品牌承诺相背离，经常出现说一套、做一套的情况，就会让顾客丧失掉对企业的信任感，品牌也会面临沉沦的危险。

在过去，有一家澳大利亚银行向客户许诺：如果该行的出纳让客户等待时间超过五分钟，客户就会获得5美元赔偿。

当时，这项承诺吸引了很多客户。可是，令人感到惋惜的是，银行最终却没有兑现诺言。原因有这样两个方面：一方面，员工认为这项决策不切实际；另一方面，实行的效果也确实不好。最后，银行不得不收回了承诺。后来，这件事情就被大肆宣扬，银行的牌子顷刻间倾倒。

其实，对于这家澳大利亚银行来说，只要成功地将品牌广告与服务文化结合起来，就可以取得成功。调查显示，对其品牌的认同度最高的，就是那些看到广告并接受了服务的客户。

那么，如何用客户服务来提高品牌形象呢？具体做法至少包括这样几项。

（1）要告诉包括管理层及全体员工在内的所有人，你的营销、广告与使命宣言是如何界定你的品牌的，这种界定是如何对增强品牌所需的服务产生影响的。

（2）让所有人理解并由衷地支持你的品牌式客户服务决策。

（3）从CEO到行政人员、销售团队，乃至店铺职员，所有人都要统一思想。企业要鼓励他们向大众传递一致的品牌价值观，并身体力行。

二、品牌化服务的特征

要进行品牌化运作的时候，客户服务必须具备四个方面的特征。

1. 独特性

不管怎样，如果品牌具备独特性，那么承载这一品牌的服务也必须具备独特性。这种独特性可以通过对品牌特色的组合或强调而获得。

例如，友好而可靠的服务与友好而令人兴奋的服务取得的效果是不同的，强调乐趣同时又很友好的品牌与强调友好同时略带一些乐趣的品牌也是不一样的。从逻辑和情感的角度来说，企业与客户接触的方法很多。因此，界定自己独特的品牌化服务并不是很难。

2. 放大或传递核心的品牌承诺

品牌式服务必须通过体现核心的品牌承诺的行为来表现。例如，在迪士尼酒店，管家会把孩子们胡乱扔在房间里的玩具摆成欢迎的造型，当孩子们在迪士尼乐园玩了一天后回到房间的时候，就会得到一个意外的惊喜。与此同时，整洁的房间、家庭式的服务和迪士尼品牌其他核心的特点也都会淋漓尽致地体现出来。

3. 有意识地提供客户服务

对于一般的服务类型来说，提供优质服务是一件平常不过的事情。通常，服务人员对自己的工作都非常熟悉，而且很多人天性就很友善，做事情也干净利落。因此，他们在工作时根本不用费什么脑子。可是，品牌式服务就不一样了，他们需要员工自己决定该做什么，不该做什么。

在企业内部建立一个支持品牌的环境，有利于员工品牌意识的养成。为了帮助自己更好地推广品牌，不仅要让员工充分了解品牌，还必须知道如何通过自己的服务来体现品牌，更要掌握相应的技巧、系统、资源与工具。

4. 在限定的范围内，自始至终地提供服务

如果某项服务无法始终保持一致，那么客户就会认为，该活动只是针对一部分特定的对象进行的，如此他们就不会把它看作品牌的代表了。

三、品牌化服务的类型

在某些情况下，企业完全可以将客户服务当作“行动中的品牌”来操作。这些情况包括：向客户提供服务，支持自己的产品；客户从你手中购买的主要是服务。如果这是企业的商业模式，那么服务必然会对品牌产生很好的推动力，服务可以成为你的品牌，或者两方面兼得。

1. 通过加强产品品牌的方式来提供服务

向客户销售产品，并且提供相应服务的制造企业是靠产品生存的。在这种情况下，通过服务来加强产品品牌是非常必要的，就像旅游集团 Our Lucaya 所做的那样。

旅游集团 Our Lucaya 的产品非常不错，但它向客户提供的却不仅仅是产品。在他们看来，服务与高档的旅游设施同样重要。因此，Our Lucaya 不仅聘请了专业的品牌推广公司为自己设计一系列的品牌特色，还在每一个客户接触点中加以体现。经过周密的策划之后，它还对员工进行了严格的训练，教他们如何在与客人交流时展现出公司的品牌特色。

2. 将服务本身品牌化，使服务成为品牌最重要的特征

通过员工的能力与行为，为客户服务的企业，如咨询、会计、医疗、食品，以及娱乐企业，可以将服务作为自己的品牌来运作。实施时，服务品牌要通过与产品品牌相同的方法来定义，即品牌承诺、品牌价值、品牌特色等。

西南航空公司是推行此类品牌化客户服务的典型例子，它为客户提供了妙趣横生、体贴入微的个性化服务。由于能够做到低票价、飞行安全、机舱整洁和航班准时，西南航空成功地弥补了它的服务在其他领域内的不足——正是在这些领域的精简，使它能向乘客提供较低的票价，并在航班准点方面赢得较好的声誉。

该公司从不提供座位预订的服务，如果不早点来排队买票，也许就只能买到飞机后排靠中间的位子；不提供行李中转服务，乘客如果想转机，得自己去转行李。而且，飞机上不设头等舱，没有餐点供应，甚至一些座位的摆放也让人觉得不舒服——你得和其他乘客面对面坐。可是，这种方法却可以让每架飞机多搭载 6 位乘客。通过长时期的精心推广，西南航空公司将一种大众化的产品（大众交通）变成了令人羡慕的成功品牌。

西南航空的领导明白，只有鼓励员工多与客户展开积极的情感沟通，才能体现出自己的品牌价值。他们要求员工不仅要诚实可信，还要展现出自己的个性，做出正确的判断，并在出现意外情况时以常识来应对。西南航空公司清楚地知道，自己该向客户提供什么样的服务，那就是：安全、低价和乐趣。因此，乘坐西南航空飞机的时候，客户总是会感到很贴心和舒适。

其实，在最初的时候，西南航空公司只是想为那些坐不起飞机的人提供较低的票价。没想到，这个策略为它带来了巨大的成功。不久之后，该公司便将品牌服务延伸到了其他领域。时至今日，它的乘客数在全美航空公司中已处于领先地位。

作为世界上赢利最多的航空公司，它还推出了一个员工利润分享计划，慷慨地与员工分享财富。正因为这些原因，该公司常被认为是最吸引人才的企业之一。

创造基于顾客忠诚的服务体系

顾客满意是一个种概念，属于消费后的一种特定的情感定位。高度满意和愉快创造出了一种对品牌情绪上的共鸣，并不仅仅是一种理性偏好，正是这种共鸣，创造了顾客对品牌的高度忠诚。

客户会根据自己对某种商品的使用情况，对其价值进行有效的评定，是一种消费前产生的期望，是与消费后的实际感受相比之后的评价，这种评价会对客户在此购买的意愿和行动造成一定的影响：如果评价高，客户可能愿意再次上门；如果评价低，客户可能不愿意再次上门；如果评价普通，则随时可能转换购买的对象。

一、服务营销对顾客忠诚的影响

如今，市场中的竞争产品越来越趋于同质化，顾客在购买产品时经常会将所获价值与交易成本进行比较：购买产品（或服务）后所获得的价值越大，顾客就会感到越满意，就会重复购买和推荐给他人购买，并表现出对企业产品（或服务）的忠诚。

服务营销能够增强顾客购买产品（或服务）所带来的价值，使企业的产品（或服务）脱颖而出，提高顾客忠诚度，具体来说，表现为以下几点。

1. 弥补产品的不足与缺陷

无论是实物产品，还是服务产品，都可能存在一定缺陷。当然，有些产品缺陷可能是先天存在的，有些也可能是偶然出现的，还可能是来自客户的“恶作剧”。可是，这些缺陷却很可能是致命的！一旦将“魔鬼”的一面展现出来，恐怕就不是简单地解决客户投诉那么简单了，有时还会上升为一场危机。

即使有着成熟管理与运营模式的跨国企业，也会遭遇此类问题，比如：前几年在武汉、长春等地出现的“麦当劳毒油事件”，以及 2005 年肯德基遭遇的“苏丹红事件”，都有力地证明了这一点。

其实，不仅是服务业，在制造业中这种情况也经常出现。比如："可口可乐二噁英事件""三鹿毒奶粉事件"，一幕幕触目惊心。危机来临的时候，考验的是企业的服务与公关能力。不管是弥补，还是补救，最根本的都是要让企业尽快走出危机。

2. 无限的差异化操作空间

面对激烈的市场竞争，很多企业都在感叹：如何实现差异化营销？不可否认，对于制造业来说，产品、技术、工艺、概念、包装等方面的差异化的操作空间越来越小；对于服务业来说，在经营项目、经营产品等方面，竞争对手也很容易跟进。

差异化的本质就是创新，企业如果缺乏创新能力，就会缺乏活力。其实，对于差异化营销，企业可以打好两张牌：一是"服务牌"，二是"品牌牌"。不同的环境、时间、地点、人，需要不同的服务，这是对差异化营销极为有利的一面。企业要以服务定位差异化为先导，准确定位对接市场，围绕这个定位打好差异化服务营销牌。

3. 有效增加产品附加值

菲利普·科特勒等营销学者认为，产品的整体概念应该包括五个方面的含义：核心产品、形式产品、期望产品、延伸产品、潜在产品。

其中，前三个方面的含义是产品的实体部分，指的是：产品本身、品质、式样和使用效果等；而延伸产品、潜在产品则指的是，顾客购买产品所获得的全部附加服务和利益。因此，为了提高顾客的忠诚度，在产品实体的基础上，企业要从产品的延伸利益部分和潜在利益部分入手，不断增加产品的附加价值，使顾客价值持续增加。

通过服务营销使产品价值增值的操作空间最大，而且还具有现实性和可操作性，例如：中国移动与中国联通，为了吸引客户，他们提供了丰富多彩的服务，除了提供基本的通话服务外，还提供短信、彩信、彩铃、上网、游戏等增值服务。也就是说，这两家企业不但在基本服务上展开了竞争，在增值服务上也出现了竞争。

二、企业在服务营销中的误区

其实，"服务营销观念"早在20世纪80年代就引起了人们的重视，虽然现在许多企业一直都在强调：要通过服务营销理念达到运营的目的；可是，大部分的企业只是片面地理解了服务营销的真正内涵，俗称“伪服务营销”。

1. 表面功夫式服务

在一些企业中，尤其在餐饮业中，服务员完全按照工作手册接待顾客，客人来了以后，服务员会用千篇一律的腔调打招呼：“欢迎光临，请这边走。”因为工作手册就是这样规定的，所以服务员才这样说，其实，他们本人根本就没有真正的“欢迎”之意。这种机械的态度、脱口而出的客套话，就是“表面功夫式服务”。

工作的时候，仅仅遵循工作手册的“表面功夫”，一旦出现了意外，服务员就不会解决了。当客人说“请给我杯水”时，服务员会机械地回答：“请稍等。”但是，在这样机械回答的瞬间，服务员已经彻底忘了客人要水的事情。客人等了很长时间，水还是没来，于是客人又说：“麻烦你，请给我杯水。”服务员还是念经式地回答：“请稍等。”但是，在回答的同时她又忘了。在整个过程中，服务员只是像鹦鹉学舌一样说“请稍等”，却没有真正的心意，所以客人再三要水却连一杯水也等不来。

2. 牺牲式服务

牺牲式服务指的是，企业为了让顾客满意而提供的免费服务，是一种顾客受益而企业遭损的服务。有些企业意识到了服务提升产品价值的作用，便为客户开出了免费服务的诱人馅饼，追求以服务数量制胜。典型行为就是，家电企业在卖场所承诺的一系列免费服务项目。

其实，服务是人的服务，是要发生一定的费用的，服务是有成本的。如果企业为了一味地迎合消费者的需求，在产品价格不变甚至降低的情况下，还要勒紧裤腰带增加服务，乞求消费者买下自己的产品，无疑是饮鸩止渴。

3. 非理智服务

所谓非理智服务指的是，企业为了达到一定的销售目的而采取的服务措施，比如：面对上级制定的销售任务压力，为了拿下订单，要求员工的态度要热情，服务要规范，要像对待上帝一样去对待潜在客户，促使客户取得信任，签订合同。

在这种观念的主导下，各大厂家节假日都会展开激烈的终端促销竞争，不拿下订单决不罢休。这种毫无理智的抢单行为，经常会和对顾客的后续服务的冷漠形成反差，所谓“只重视最后一米的销售，不重视销售以后的一公里服务。”虽然企业可以出现短期的高收益，但这种让顾客反感的态度转变，最终会使企业失去顾客。

三、通过服务营销提高顾客忠诚度的对策

如何通过服务营销提高顾客忠诚度呢？

1. 将服务的理念深入到企业文化中去

“以顾客为导向”绝对不只是一句简单的口号，应变成一种意识，根植在每个员工心中。

“以顾客为导向”就是要求公司和公司的每一个人，切实站在顾客的立场，想顾客之所想，念顾客之所念，急顾客之所急，仔细揣摩顾客的心理，发掘顾客的需求，所有的生产、研发、销售、服务都是围绕着“顾客”这个核心。不仅要把顾客当作“上帝”，还要把顾客当作“家人”，在公司上下形成一种处处为顾客着想的氛围。

服务是一种人的行为，人的行为是由他的动机和意识控制的，之所以会失去顾客，主要原因就在于公司内部，比如：员工傲慢的态度，顾客提出的问题得不到及时解决，咨询无人理睬等。要想从根本上解决这些服务问题，就要改变员工的服务意识。

服务不是技术问题，而是人文的、深层次的问题。如果员工心里没有服务，自然就发现不了服务需求，行动怎么能够到位？

2. 将服务部门当作利润中心

要想让服务创造价值，让服务带来利润，企业必须重新认识服务的价值，提高服务部门的级别和重要性，把服务部门当作利润中心，而不是销售产品的辅助部门。

许多企业认为，服务部门是增加成本的部门，并不能为企业带来利润，可事实并非如此。在汽车行业，很早就有学者观察到这种现象——卖车只能获得10%的利润，而卖保养却可以赚得20%的利润，卖配件的利润高达70%。

同样，在IT业，80%以上的利润是从运营服务中获得的，服务部门除了

要做售后服务外，还预见到客户今后需要多大性能的容量，帮助他们进行必要的 IT 架构规划。

整合客户现有的 IT 资源，使 IT 系统发挥更高的可用性，提升适应力，满足企业快速发展的业务需求，不仅可以从满足客户需求发展到创造客户需求、从被动发展到主动，还可以让企业从现状看到未来，为产品升级、企业发展打下坚实的基础。

在运营服务中，惠普一直都做得非常好，每年在中国市场上，他们的服务业务会获得几十亿元人民币的利益，对许多国内企业来说这简直就是“天方夜谭”。

3. 建立一套良好的服务制度

服务是一种隐性的软性工作，因人而异，有些人认为，服务是无法用一个统一的标准来衡量的；有些人甚至还认为，制度化服务缺乏人情味，不能适应顾客的需要……这些观点都是错误的。

其实，许多服务工作都是常规工作，管理人员很容易确定服务的具体质量标准和行为准则，要想消除服务水平差异，就要建立规范化的服务标准、良好的服务制度。

在这里，建立服务制度与提供个性化服务并不冲突。服务制度是在公司所面临的所有服务分类基础上建立起来的，它是站在相当的高度，全面考虑的对策；而个性化服务针对的是个人、某位消费者，它们会随着消费者需求的差异而改变。

4. 实现服务的创新

产品需要创新，服务也需要创新。随着人们消费水平的不断提高，顾客对商品质量和服务的需求也越来越高，它们除了要求厂商不断提高产品质量和产品技术含量外，还要厂商不断创新服务水平，不断推出新、特、奇的服务举措。在这种情况下，商家如果死抱一两次售后服务举措，就有点不明智了。

要想让自己的商品永葆美丽，要想让自己的公司在竞争中永远立于不败之地，不仅要不停地提高商品质量，还必须树立“服务创新”意识，不断更新和完善自己的服务。服务永远都是无止境的，只有不断创新，不断改进，才能真正实现顾客忠诚。

第八章

口碑传播

——品牌的终极目标

品牌的道就是口碑，“金杯、银杯不如老百姓的口碑”这句俗语也说出了口碑的真正内涵。一件商品的口碑构成了它的品牌，同样一个人的口碑也构成了这个人的品格。时间是检验真理的唯一标准，是否成为品牌并不是由哪个机构或哪个部门说了算，而是消费者说了算。在社会中，无论为官为商，要想形成品牌美誉度一定要厚德载物，一定要赢得大多数人的认可，如此才能成为品牌，这样的品牌才会有生命力。

口碑就是一切

品牌是一个产品的代号，就像是一个人的名字，品牌对产品的重要性就如同名誉对我们个人的重要性。老子在《道德经》中说：“道生一，一生二，二生三，三生万物。”虽然这句话说的是对宇宙起源的探索和认识，但也道出了品牌其内在的哲学含义。

中国字是象形文字，“品牌”的“品”字是由三个“口”组成的，这说明品牌是与“口”有关系的。这里的“口”就是百姓的口碑，一个“口”生成两个“口”，两个“口”生成三个“口”，三个“口”便成了品牌。

在我国，凡是与“品”挂钩的词大都是表达一个物质的好与坏的，如品质、品味、品格等，所以品牌的实质就是老百姓的口碑。如果一个事物的口碑通过“口”与“口”相传而一直到无穷的地步，这样就成了品牌。这就是老子《道德经》里的“道生一，一生二，二生三，三生万物”这句话的具体意义。

口碑是品牌的形成之道，如何形成口口相传的口碑呢？老子《道德经》中所论的真善美，其实就是形成品牌最重要的三个方面。要想形成品牌，任何一个企业、一个组织都要做到真善美。真善美是口碑的基础，是形成品牌很重要的三个方面。

一、真

所谓的真，就是一定要实事求是，不要弄虚作假、以次充好、假冒伪劣。在我们身边，有些企业不在“真”上做文章，为了追求利益，投机取巧，结果不仅坑害了老百姓，还毁掉了自己的品牌。

许多企业在创业初期，都是实实在在地做自己的品牌，可是一旦品牌有了一定的知名度以后，企业却走向了与树立品牌相违背的发展之路。倒下的许多企业便是最好的例证。比如：早期的秦池酒，曾以品牌赢得了市场，可是由于没在“真”上下功夫，往酒里灌水，弄虚作假，而砸掉了自己的品牌。

二、善

所谓的善，指的是一个人或一个企业的价值观。善是构成品牌的灵魂，企业一定要对消费者和社会承担起应尽的责任，处理好“义”与“利”的关系，把履行社会责任作为企业的终极目标，如此才能成为“口”与“口”相传的品牌效应。

善是一切行动的出发点和指路明灯，一旦这盏灯灭了，这个品牌就会被老百姓所抛弃。在我们的身边，为什么会发生食品安全问题？大多数是因为企业的价值观出了问题，为了追求高额回报，很多企业把利润当成了企业的唯一追求目标，丧失了企业生存的道德本源，造成了负面的口碑……如此，这个品牌就会消亡，三鹿事件就是很好的例证。

三、美

所谓的美指的是，真与善最终的表现形式。有了真和善，企业的理念和行为就会表现出美的一面，包括精神层面的美和物质层面的美。

形式美是老百姓口碑的一个初级层次，要想达到百姓内心的认可，还要在美的内涵上做文章。美是多层面的，它涉及了企业的人、事、物三方面的形象的综合特征。只有把人、事、物三者的美达到统一和谐，这个产品才能赢得百姓的口碑。

目前我国的企业还没有一个真正的世界品牌，很多企业在通往品牌的大道上往往会半途而废，虽然原因有很多，但有一点是毋庸置疑的——没有真正做到集真善美完美统一品牌，没有一个真正在老百姓中形成口碑，并且持久力、生命力很强的企业。

有些企业急功近利，一旦有了些品牌知名度就迷失了方向，在错误的价值观的驱使下，走上了自毁品牌的道路。树立品牌是一个漫长的过程，是一个充满各种困难的过程，只有坚定的目标、高远的志向、坚韧不拔的追求和一丝不苟的对企业价值观的坚守，才能构建一个世界品牌级的企业。

善待“意见领袖”，让他成为最好的口碑传播者

在口碑营销中有一个关键点，那就是控制“信息源”；而在信息源的控制中有一个关键中的关键，那就是要找到传播信息的载体——那些对某个市场具有强大影响力的“意见领袖”。

现代营销学之父菲利普·科特勒将“意见领袖”定义为：在一个参考群体里，因特殊技能、知识、人格和其他特质等因素而能对群体里的其他成员产生影响力的人。

“意见领袖”并不一定都是大人物，相反他们正是我们生活中熟悉的人。他们分布在社会的任何群体和阶层中。正因为是我们熟悉和信赖的人，他们的意见和观点才更具有说服力。

“意见领袖”并不是一个固定的群体。在现代社会中，一个人熟悉某一领域并在周围的人中有一定的威望，就可以成为“意见领袖”，而在其他领域他可能只是一般的被影响者。

谁是意见领袖？根据科特勒的定义，显然不能准确地找到谁是“意见领袖”，那么这个不一定是大人物，又不一定是一个固定群体的人物究竟是谁呢？我们该怎样才能把他们找出来？简单地说，通常可以用以下两种方式来确定意见领袖。

一、根据意见领袖的特征去考察

传播学的研究表明，在消费领域，意见领袖一般具有以下特征。

1. 交际广泛，频繁接触媒介，拥有较多的信息渠道

他们能掌握大量的信息，对有关事情有更多了解。

2. 同公众联系密切，并在公众中拥有较大的号召力

意见领袖的价值在于通过他使更多的人认识广告产品，接受广告产品，因此，意见领袖只有同一定范围内的公众建立广泛的联系，并拥有较大的影

响力和号召力，才能强化广告的宣传效果。

3. 威望较高但易于接触

意见领袖在群体中必须被公认为是见多识广或称职能干的人，能对群体成员提供有益的信息和意见，因此能获得较高威信；他们平易近人，能与周围群众打成一片。

4. 具有较高的社会经济地位

收入水平高，而且稳定，这是他们之所以成为意见领袖的经济基础。良好的经济条件使他们有能力成为新广告产品的早期采用者，获取有关产品知识。

当然，意见领袖的社会经济地位不能比追随者过高，否则，相差悬殊，相互间无法沟通，其影响力也就会丧失。

5. 受教育程度较高

由于受教育程度较高，因此他们能够利用更多媒介获取信息，具有较强的判断能力和主观见解，处理问题较为理智，容易说服别人。

6. 乐于创新

意见领袖思想活跃，性格外向，勇于创新，勇于接受新生事物。尤其是当整个社会倡导革新开放时，其创新精神更为突出，这也是他们成为新观念、新产品带头者、鼓动者的一个重要内因。

7. 意见领袖并不集中于特定的群体或阶层，而是均匀地分布在社会上任何群体和阶层中

每一个群体都有自己的意见领袖，与被影响者一般处于平等关系，而非上下级关系。

二、意见领袖对意见接受者的影响力

确定了谁是意见领袖之后，你可能会问：我们耗费这么大的精力来确定意见领袖是否值得？

其实，意见领袖本身不仅是一种动态且强大的消费力量，而且是一种非正式的交流方式，对消费者与产品有关的决策具有显著的影响。具体说来，

意见领袖对意见接受者的影响力表现在以下几个方面。

1. 可信性

意见领袖是非常可信的信息来源，因为他们对产品（或服务）的认知以及他们提供的建议通常很有见地。他们见解独到，对意见接受者来说非常有吸引力。

意见领袖对产品的评价通常基于一手经验，他们的建议可以减少意见接受者在购买新产品时怀有的担心和焦虑。

2. 提供信息与建议

意见领袖是信息与意见的来源，他们可能会仅仅谈及使用一个产品的经历，介绍所了解的产品知识；或者会更进一步地建议他人购买（或者不要购买某个产品）。

下面就给大家列举一些意见领袖在闲聊中可能向他人传递的关于产品（或服务）的信息。

哪里购物最便宜？“××商场的价格相当便宜。”

哪个运动品牌最好？“耐克的品牌不错。”

哪种护发素最好用？“使用潘婷的护发素后，头发最顺滑。”

附近几家理发店哪家的发型设计最好？“街尾那家，××的师傅技术是最好的。”

3. 种类特异性

意见领袖通常对他们提供信息与建议的某一类产品具有“专长”。如果讨论其他类别的产品，他们很容易发生角色的转换，成为意见接受者。被认为特别熟悉电脑器材的人可能是这个方面的意见领袖，可是一旦谈及购买汽车，他们同样要向他人征求意见。

4. 产品信息的两面性

销售人员通常提供的都是产品的正面信息。可是，意见领袖却能从正反两个方面提供信息，这样就大大提高了建议的可信性。例如：“这种笔记本电脑的问题是它需要先停机然后才能连接外置光驱。”如此表述，与正面或者中性的评价相比，反面意见更能产生作用。

完善品牌的每一个细节

品牌就是做细节，细节决定品牌的寿命！

在品牌发展的各个阶段，都要不断完善和保护与品牌相关的一切环节的形象与综合性。其中涉及产品的设计、制作、展示和销售、售后服务等各个方面。企业要利用一切机会，要利用一切品牌的接触点，通过把每个细节做到极致，将一个更完整、更具吸引力的品牌形象展示出去。

一、拥有独家秘诀

要想立足于市场，无论哪个行业，都需要有一个自己独特的，且他人无法仿效的技术。比如：可口可乐直到现在也没有公开秘方。

一流的医生不是出去找病人，而是病人主动上门求医；同样，一流的企业不是四面出击去寻找客户，而是顾客慕名而来。这才是销售的最高境界。拥有竞争者无法模仿的技术和独特的服务方式，才能让顾客盈门。

星巴克开发了一种金属箔作为包装材料。这种材料最大限度地阻隔了氧气和潮气，是一种延长咖啡流通时间的划时代的新技术。他们在这个包装袋上安装了特殊的阀门扣，这个扣能把咖啡氧化时所产生的气体排出，使咖啡始终维持在真空状态。

这项重大发明把咖啡的流通期限从一周延长到一年以上。自从发明了这项技术，咖啡得以源源不断地运送到世界各地。除此之外，为了调制出顶级咖啡，星巴克还拥有从烘焙、混合、萃取、包装等方面的专利技术。

由此可见，没有区别于竞争者的独特技术，是很难在如今竞争激烈的市场占据一席之地的。

二、创造多样化的品牌代言人

采用品牌代言人不能局限在使用明星和专家，还可以使用“动物代言人”

或“卡通形象”等。动物也是一种最佳“代言人”，它们不但能传递和强调品牌的个性特征，还不需要代言费。

美国福特“美洲狮”的代言人就是“美洲狮”，它象征着速度、线条和俊美，代表着汽车想要具体化的产品特征。

可口可乐使用过北极熊，也是一种成功的品牌代言人，北极熊无处不在，成为公司最成功的标志象征之一。更为有趣的是，老少都喜欢北极熊的憨厚和天真，这样就强化了可口可乐在人们心目中的诚实和直率的形象。

三、包装，品牌的容貌和抵御竞争的防线

俗话说，“货卖一张皮”，大多数人给包装下的定义太狭窄，只是简单地把它看做产品外面裹着的那层东西，可是，包装的定义远远不止于此。

现代包装具有吸引注意力、舒缓人们的情绪、激发欲望、促成购买行为的作用，更重要的是表明它含有的数量以及品牌方面的信息。

什么是好的包装呢？如果包装能促使你购买产品，就是好包装。

作为促进产品销售的包装，其基本构成需要具备以下三个要素。

第一，外观赏心悦目，并附带与其他广告保持一致并强化其广告效果的信息；包装必须要具备很好的功能传播作用。如果要使信息沟通获得最大的效果，广告策略、赞助活动、品牌实施，自然都要包括包装所传递的信息，要与广告组合策略诉求的内容紧密保持一致。

第二，排除外界干扰的能力。当包装设计大体完成时，最好能制作数个不同的外观，比较它们在展示架上的视觉效果，因为一个产品与一群产品或者与竞争对手放在一起的视觉是不同的。

第三，在电视广告中，要注意展示包装。在电视广告开始的 8 秒内，就应该要出现产品包装。

搭建通道，让好口碑畅通无阻

一、利用公共的积极性和行为

口碑营销之所以有效，很大的一个原因就在于，它是通过掌握用户各种生理与心理在某方面的需求驱动来引导用户积极去传播。比如，饥饿是人们的驱动力。只有建立在公众需求和行为基础之上的口碑营销计划才会取得成功。

在日常生活和工作中，常常碰到这样一些现象，买新车要交定金排队等候，买房要先登记交诚意金，甚至买 iPad 还要等候，还常常看到什么“限量版”“秒杀”等现象。在物质丰富的今天，为什么还存在大排长龙、供不应求的现象呢？原因是“刚性需求”！

苹果是最擅长饥饿营销的一个企业，由于 iPhone4S 的火爆，我国的消费者已经习惯了在贴有“近期 iPhone 没货”的苹果授权经销商处体验产品，再去国美、苏宁等运营商处以加价抢购的方式购得手机。

苹果公司在我国的这种“限量销售”营销策略大有玄机。《每日经济新闻》的记者梳理了 iPhone4S 发售前后的市场情况，发现苹果在我国市场大肆推行“饥饿营销”策略，整套流程情节紧凑，就像是一出精心布局的大片。

苹果平板电脑 iPad 刚上市的时候很热销，有时断货，结果一些时尚人士找店长预留，甚至高价买水货。这样，就在无形中更加大了苹果 iPad 的知名度和更多的人的购买欲。

从 2010 年 iPhone4 开始到 iPad2，再到 iPhone4S，苹果产品全球上市呈现出独特的传播曲线：发布会—上市日期公布—等待—上市新闻报道—通宵排队—正式开卖—全线缺货—黄牛涨价。可是，由于供给不足、饥饿营销、黄牛囤货，使得苹果在我国市场的份额正一步步加速。

所谓饥饿营销就是指商家采取大量广告促销宣传，勾起顾客购买欲，然后采取饥饿营销手段，让用户苦苦等待，结果更加提高购买欲，这种方式有利其产品提价销售或为未来大量销售奠定客户基础。那么，如何来实现饥饿营销呢?

（1）营销策划围绕的产品本身一定要好。做营销的产品或者服务本身质量要过硬，品牌要靠得住，口碑要好。否则消费者买回去以后发现上当了，会招来骂声一片。

（2）做好线上线下的宣传造势，制造产品话题，制造产品的期待，让产品本身就能带有某些话题性。

（3）产品要具有大众性。你所提供的产品或者服务要具备大众性，而不是高度专业领域里的产品，这样，大家参与的积极性才更高，也才能参与进来。

（4）有利益引导、促销宣传等，比如：苹果手机买一送一，小米手机9.5限量10万台还送百元博皓电子手机套等。总之，用户一定要通过你的产品得到某种额外利益。

（5）控制销量。所谓的控制销量，制作出来的供不应求的表象，让大家疯狂抢购，其实只是控制公布出来的数字，制造出了供不应求的表面现象，暗地里偷偷地使劲卖货。

（6）灵活与调整。饥饿营销要灵活应变，并能随时根据实际市场情况来调整方式。消费者的欲望会受到市场各种因素的影响，从而产生不断地变化，消费行为也会发生不规则的变动。因此，密切监控市场动向，提高快速反应的机动性，是重中之重。

（7）从品牌支持、培训支持、物流支持、广告宣传支持、营销策略支持、区域保护支持等十大方面完善服务体系以做到人性化服务。

二、利用现有的通信网络

人都是社会性的，社会科学家告诉我们，每个人都生活在8～12人的亲密网络之中，网络之中可能是朋友、家庭成员和同事，根据在社会中的位置不同，一个人宽阔的网络中可能包括几十、几百或者数千人。

例如，一个服务员在一周内可能会与数百位顾客联系。口碑营销人员应该认识到这些人类网络的重要作用，尽量通过现有的各种关系网络将营销信息迅速传播出去，一方面，这样可以最大限度降低传播成本；另一方面，也会尽量避免遭到用户的反感。

口碑传播其中一个最重要的特征就是可信度高，因为在一般情况下，口碑传播都发生在朋友、亲戚、同事、同学等关系较为密切的群体之间，在口碑传播过程之前，他们之间已经建立了一种长期稳定的关系。相对于纯粹的广告、促销、公关、商家推荐、家装公司推荐等而言，可信度要更高。这个特征是口碑传播的核心，也是开展口碑宣传的一个最佳理由。

口碑营销又称病毒式营销，其核心内容就是能“感染”目标受众的病毒体——事件，病毒体威力的强弱则直接影响营销传播的效果。在今天这个信息爆炸、媒体泛滥的时代里，消费者对广告，甚至新闻，都具有极强的免疫能力，只有制造新颖的口碑传播内容才能吸引大众的关注与议论。

张瑞敏砸冰箱事件在当时是一个引起大众热议的话题，海尔由此获得了广泛的传播与极高的赞誉，可之后又传出其他企业类似的行为，就几乎没人再关注，因为大家只对新奇、偶发、第一次发生的事情感兴趣，所以，口碑营销的内容要新颖奇特。

买赠式的促销形式我们今天已经司空见惯，效果也已经不明显，但是最早的买赠形式却取得了空前的成功。

16世纪英国的一个小镇上，水果农都种植了大量的葡萄并且获得了丰收，结果导致葡萄的价格非常低，即使这样也卖不掉，都烂在了果园里。一个庄园主想到了一个办法，从外地购买了一批苹果，顾客每买3公斤葡萄可以获赠两个苹果。

在当时的英国，苹果本就是很昂贵的水果，这个小镇因为不是苹果的产地，价格更是昂贵，因为运输困难，当地几乎见不到苹果。庄园主没有做任何宣传却引发了镇民的抢购，大家奔走相告，把这家庄园围得水泄不通。虽然赠送苹果增加了一些成本，但是因为是在苹果主产地直接购买，价格并不高，而有苹果搭售的葡萄也买出了相对较高的价格，最后不仅卖空了所有的葡萄，还大赚了一笔。

这就是最早的买赠式销售，但到了后来，大家都采用这样的方式，消费者也就习以为常了，失去了当初强大的威力，所以，新颖、奇特是口碑营销成功的一个重要因素。

第一步，鼓动

赶潮流者是产品消费的主流人群，他们是最先体验产品的可靠性、优越性的受众，也会第一时间向周围朋友圈传播产品本身质地、原料和功效，或者把产品企业、商家5S系统、周密的服务感受告诉身边的人，以期引发别人跟着去关注某个新产品、一首流行歌曲或是新业务。

第二步，价值

传递信息的人没有诚意，口碑营销就是无效的，失去了口碑传播的意义。任何一家希望通过口碑传播来实现品牌提升的公司必须设法精心修饰产品，提高健全、高效的服务价值理念，以便达到口碑营销的最佳效果。

当消费者刚开始接触一个新产品，他首先会问自己："这个产品值得我广而告之吗?"有价值才是他们在市场上稳住脚跟的通行证，因而他们所宣传的必须是自己值得信赖的有价值的东西。

当某个产品信息或使用体验很容易为人所津津乐道，产品能自然而然地进入人们茶余饭后的谈资时，我们认为产品很有价值，因此也易于口碑的形成。

第三步，回报

当消费者通过媒介、口碑获取产品信息并产生购买时，他们希望得到相应的回报，如果营利性企事业单位提供的产品或服务让受众的确感到物超所值，就会顺利地在短期内将产品或服务理念推广到市场，实现低成本获利的目的。

三、利用别人的资源

有效的口碑营销计划往往是利用别人的资源达到自己的目的，例如，在别人的网站设立自己的文本或图片链接，或一则发表的文章被数以百计的期刊引用，让数十万读者读到。利用别人的资源，一方面可以最大限度地节省自己的资源，另一方面可以在各个群体间快速实现营销信息的传播。

公司在开展业务过程中，涉及异地和本地，更多的是资源整合。客户对象和业务类型虽然都在IT范畴，却也是行业众多。仅一条产业链相关上下游企业，就会有许多不同类型的客户。

为了扩大业务半径，总经理要求一直做后端支撑的李光也要开始逐渐介入业务，其方向是国内一线城市。李光积极性很高，向总公司和分公司有关人员要此前他们做过客户所涉及的行业资料。一方面学习了解，一方面拓展客户。

半个多月后，总经理问他工作进展情况。李光说："已经联系了一些客户，客户要我提供资料。我正在学习消化有关内容，之后给客户发过去。"总经理听后说："这样速度太慢，还是要先响应客户需求，抓紧提供客户需要的资料，不一定非要自己搞懂了才给客户发。发过去后，你自己的学习也可以同步进行。"

李光说："如果这样，我就从分公司有关人员那里索要资料再给客户发过去。"总经理又指正说："这样还是慢，完全可以把客户的邮箱直接告诉有关人员，让他们发，你只负责与客户沟通对接好即可。要学会利用别人的资源，而不要什么事都自己去做。"

这些事情都不大，却深刻地反映了思考问题的角度和处理问题的方法，也就是如何利用别人资源的问题。

现代企业竞争加剧，市场越来越细分，企业所面临的压力越来越大。在这种情况下，时间就是金钱，就是企业的生命。每个人在企业中所创造的价值和贡献是用单位时间计算的，越是高层的员工越是如此。

在现代企业中，越来越强调分工与合作，每个人所具备的能力、擅长的领域和所掌握的知识都是不一样的。在企业中小而全、大而全的全才越来越少，也不再是企业对员工的要求和员工的发展目标。在这种情况下，要想快速推进工作，就必须要学会用别人的资源。而不必什么事都要自己搞明白再去做，尤其是对于非本职范围内的工作更是如此。

1. 何时用别人的资源

资源的采用有三种情况：

（1）围绕自己的工作

要圆满地完成自己的工作但资源不够时，也就是说没有其他人的帮助这项工作无法完成时，就必须要寻求外部资源。

（2）团队的工作

所谓团队工作，是几个人合作共同做某件事。之所以要大家一起做，一定是仅凭个人的能力无法完成或在规定的时间内完成不了的。这时，在团队中可以把别人都看作是可利用的资源，大家相互利用，寻求彼此的支持和帮助。如果不善于合作，大包大揽，要个人英雄主义，只会把自己累得不行，还会使其他人有意见，甚至有的人会在一旁看热闹，导致工作无法按时按质完成。

（3）本职以外的工作

做本职工作之外的事情时，更要利用外部资源。而不是自己去研究、学习，把有限的时间精力放在与自己无关的事情上。

2. 如何得到别人的资源

在企业中，大家都有许多自己的工作，对于别人寻求配合和支持的工作一般都是能推就推、能向后放就向后放。真正能够做到主动积极配合的不多，这也是正常的。所以要想得到和用好资源，应该做好三件事。

（1）注意平时的感情积累

不能到有事了才去找别人，平时不理不睬。没有感情铺垫，完全是工作关系，临时抱佛脚，这样不仅别人配合会有问题，自己去找别人时也会有心理障碍。

（2）需求要明确且要简单

寻求别人配合的事，一定不能太过于麻烦，过于复杂。要事先把功课做好，做完整。把自己能做的都做完，剩下实在做不了的，再看谁能帮助。把要帮助的事项列得越清楚越明确，就越有利于别人的配合。

（3）必要时要寻求主管的支持

有些工作自己实在协调不了时，就要寻求主管的支持，而不要为难自己。有些人比较好面子，有些人担心领导说自己无能，会硬着头皮去做自己力所不能及的事。结果不仅耽误事、浪费时间，反而会导致领导对自己更大的看法。所以必要时，该寻求主管的帮助时，一定要与主管沟通。

归根结底一句话，工作中一定要树立合作共赢的思想，必须要善于利用别人的资源来快速推进自己的工作。

第九章

品牌资产

——品牌力的终极目标

道法自然。万事万物的发展离不开规律，找到一定的发展规律，就能掌握事物本身的发展节奏，从而获得发展的动力，不能急于求成，不可揠苗助长。企业对于品牌力的节奏而言，往大了讲是遵循企业管理事务的自然发展规律，往小了讲就是从品牌到品牌力的发展遵照一定的人与事的规律，遵从微变中寻求巨变，创造中追求创新、发现里找到发明。

品牌力的形成，你需要一个系统

品牌力的运动和做功原理大致遵守“五大系统，三极互动”的特性。

先说“三极互动”，三极，指的是品牌自身、消费者、竞争对手。这三者成为品牌运动的轴心，并且，这三者之间是互相依存、互相制约的。

“五大系统”指的是“产品力”“服务力”“行销力”“形象力”“文化力”等分别通过“产品功能与识别系统”“顾客满意度整合系统 CS”“整合营销传播系统 IMC”“形象识别整合系统 CIS”“经营管理哲学与行为系统”的运动来完成这一过程。

品牌利用五大分力，通过五大系统，产生功，作用到消费者身上，可是，同时品牌自身还必须要考虑到竞争对手的软硬件实际情况，因为策划市场首先是在策划竞争对手，不考虑竞争对手的任何策划都要碰壁。

合理地处理好以上各系统，将对品牌力产生至关重要的作用，而这些都必须依据实际情况进行系统分解和整合，才能够完成使命。

品牌资产——吸引人力资源

为了赢得最优秀的新人，企业必须了解自己在新人心目中的品牌形象。

对于一家想利用品牌效应来有效招募人才的企业而言，企业就必须将应聘者看做客户，进而运用市场营销方法来分析竞争对手，确定各类应聘者分别看重的企业特征，并且弄清楚应该如何联系到这些人才。

许多行业的人才争夺之战都在不断升温，而且可能会日益激烈。毕竟许多企业看重的“老臣”总有一天会退休，而在他们退休之后，由于人口结构的变化，企业要找到合适的人才来填补“老臣”的职位空缺是越来越难了。为应对这一难题，有不少企业正在努力改进其招聘推介方式，采用品牌策略来开展招聘工作。

资料显示，大多数企业的招聘宣传都会“添油加醋”地搞品牌包装。相比之下，企业产品和服务的品牌包装反倒严格和准确得多，许多这样的品牌包装可能会以失败告终。对于一家想利用品牌效应来有效招募人才的企业而言，企业就必须将应聘者看做客户，进而运用市场营销方法来分析竞争对手，确定各类应聘者分别看重的企业特征，并且弄清楚应该如何联系到这些人才。

市场上常常会对不同行业中“最受欢迎的用人单位”进行排名，此外，还有针对应聘者专业方向的类似调查，例如商业管理、工程和理科方向的人才最中意的企业等，这类调查我们已经见怪不怪。但是，这些五花八门的调查都没有为企业提供他们真正需要的内容：究竟谁是人才大战中最可怕的竞争对手，哪些企业最有可能抢走他们想要的人才，又如何在招聘过程的各个环节中有效地吸引人才。

招聘工作的重点包括提高企业在应聘者心目中的品牌认知度，让企业可能招聘到的人才更加了解自己的工作内容，说服相关人才认真考虑企业提供的工作机会，积极地提出申请，并且最终接受企业的录用邀约。

对于企业而言，招聘工作的首要切入点就是确定谁是竞争对手，然后才能决定在招聘的不同环节分别应当重点强调的企业特征。传统的企业招聘都会重点强调工作本身的性质和福利，例如：工作保障、发挥个人创造力和实现个人成长的机会以及薪酬。

但除此之外，应聘者也同样看重企业内涵，企业常常会用一些含糊、富有感情色彩的自我描述，就像“在我们公司工作很有意思”“我们的公司文化富有热情和智慧”“我们这里有很强的团队精神”等，这就跟消费者看重品牌产品的内涵是一个道理。

如果企业能够在工作职能和企业无形内涵这两方面与竞争对手相抗衡，那么其招聘工作将会有不错的结果。简单比较一下应聘者数据对招聘工作能够有所帮助；不过，如果企业采用逻辑回归等多变量统计方法来研究应聘者，就能更准确地了解到应聘者最关注、最看重的问题。这类工具能够清楚地展现出在招聘工作的各个环节某家用人单位相比竞争对手所存在的优势和劣势。分析结果越清楚、越透彻，企业就能更好地确定出一两个重点招聘环节。

有家企业意识到，自己的品牌没有引起应聘者的共鸣，没有让应聘者觉得这家企业的品牌“就是为像我这样的人才打造的”——而得到应聘者对品牌的认可和共鸣。之后，企业立刻制作招聘材料，召开互动式宣讲会，直接解决这个问题。

这些办法是否奏效，在短期内很难衡量，但经验告诉我们，与其在不同的招聘环节分散精力，还不如重点针对某些具体的优势和问题集中采取行动，而且这样做的成功概率也更大。

企业需要弄清在应聘者眼中最能展现企业个性的品质，从而提高招聘工作的成本效益。企业需要在招聘工作的覆盖广度和沟通深度之间做出取舍，必须将最昂贵、最高端的招聘策略用在那些最能创造价值的应聘者和招聘环节上。此外，还可以针对招聘流程的不同环节侧重开展不同的招聘工作，认真衡量每一个招聘环节对整个流程所产生的影响。

需要注意的是，如果企业在招聘中向应聘者宣传的特征和内涵违背了企业的综合营销战略，企业开展品牌建设工作反而会事与愿违，达不到预期效果。要想确保招聘工作取得成效，不能只采用传统的品牌建设技巧来包装自己作为雇主的形象，更要将这项品牌建设工作与企业的总体品牌战略结合起来。

品牌资产——产品溢价能力

索尼彩电在我国一年50万台的销量所获得的利润，超过了我国所有国产彩电品牌的利润之和。我们的品牌哪一天也能像索尼那样风光？

电影《大腕》中有个变成疯子的房产界大亨说：“要造就造最豪华的物业，配英国贴心服务管家，讲一口地道的伦敦腔英语，逢人就说：‘May I help you?’业主个个都开宝马、奔驰，要是开上个日本车都不好意思向邻居打招呼，价格至少在4000美元，这就叫成功人士。成功人士就是不求最好但求最贵。”

其实，疯子大亨说得很对！

耐克从我国制鞋厂花120元人民币买走的运动鞋因为打上了耐克品牌的标志，所以售价就蹿到700多元；海尔品牌的电器总是比一般电器贵15%～30%，有时甚至比松下、三星等国际品牌都贵，但消费者仍然选择购买海尔；

都澎的一个打火机在6000元以上；华伦天奴的一件衬衣至少800多元；登喜路的一个钱包2000多元；三星近几年调整品牌识别，产品卖出了比其他同行品牌更高的价格。

像耐克、海尔、三星那样的品牌，同样的产品能比竞争品牌卖出更高价格，这就是品牌的溢价能力。对于深陷非理性价格战的囹圄而难以自拔的企业和利润少得可怜的企业来说，耐克、海尔、登喜路、三星等品牌的溢价能力是多么令人羡慕。因此，研究品牌溢价能力的特点，探索提高品牌能力的有效策略，可以有效提高企业的赢利能力、降低企业风险。

品牌资产中的知名度、品质认可度、品牌联想可以有效提升忠诚度与溢价能力，使品牌具有赢利能力，也就是说，打造高知名度、高品质认可度与发展丰富的品牌联想是提高品牌溢价能力的根本。

如何来提高品牌溢价能力呢？具体应突出以下几点。

一、塑造大品牌与业内领先地位的形象

一个区域小名牌的溢价能力不如全国性大名牌强，一个中国名牌则不如国际名牌，如娃哈哈、乐百氏的价格要比地方小品牌高20%，雀巢奶粉要比一般国产品牌贵25%以上。所以，要尽量塑造出大品牌形象。

在广告、事件行销、新闻宣传中要不失时机地宣传能佐证自己为大品牌的信息。海尔“先难后易”的国际化战略，大肆张扬“产品畅销德国、成功登陆美国、全球海尔人祝我国人民春节愉快”，有效树立起国际级大品牌的形象，溢价能力超过了其他国内电器大品牌。

即使产品没有覆盖全国，只要财力能接受，投一投中央台是有必要的。报喜鸟的崛起是一个非常有价值的启示。

由于央视在国内的影响力以及自身一些特殊因素，使得央视不管是在覆盖率、收视率，还是在权威性、可信度等方面均存在着其他电视台无可比拟的优势。

1998年“报喜鸟”作为新品牌第一次亮相于央视，通过在央视投放，给消费者传达了“报喜鸟”做“大”品牌的概念，建立了较高的品牌形象，使得任达华与“我爱报喜鸟”这句广告语在短时间内传遍大江南北、妇孺皆知，大大提高了品牌的知名度，在全国很快打响了品牌。各地代理商纷至沓来，

拓宽了加盟渠道，促进了报喜鸟连锁专卖市场网络的建立。

二、赋予品牌高档感、高价值感

要让品牌有高档感和高价值感，功能型利益为主的品牌就要持续提高技术与产品使用价值，如一个品牌几款电器技术领先、功能人性化、外观精美，只能有限度地提高单单这几款电器本身的售价。如果企业不断地推出好电器，久而久之品牌就具有了高档感与价值感。品牌的溢价能力就能涵盖所有产品。

洋河大曲是我国老八大名酒之一，连续三次在品酒会中被评为全国第一，曾经是最高档的白酒品牌之一，但在20世纪80年代末90年代初未抓住高档酒价格上扬的三次机会，未通过那几次机会奠定高档酒的地位，一直以50多元以下的价格在销售，结果让公众觉得洋河大曲是中档品牌。中华烟每年都会略微调高价格，始终高于其他品牌，稳稳树立高档烟的形象。

同时，品牌麾下有低价格产品是正常的：索尼的walkman最高价的为3000多元，最低价的为100多元；海尔250升的冰箱最低的为2300元，最高的为4200元。不同价格的产品主要是由产品的功能、成本、原料造成的，但无论价格高低，产品都是符合索尼、海尔品牌的基本承诺的，此时，海尔、索尼的溢价能力体现在同样功能、品质、原料的产品价格要更高一些。

三、有效标识出高中低价格的不同产品

品牌麾下有高中低不同价格的产品是正常的，但如果不能有效地标识区分出高中低价产品，就会有损品牌的高档感与溢价能力。

一种较好的策略是用品种名称、包装与工业设计来区别出高中低档。洋河大曲就用“五十年陈酿”这一品种名称与包装来标识洋河中的最高档酒，对于重新恢复曾为全国最高档酒及老八大名酒之一的往日尊贵起了较好的作用。像手机，用型号、外观也能较好地区隔出高中低档产品，消费者容易识别。但彩电、冰箱等电器往往在工业设计上差异不显著，区隔不明显，这时最好采用副品牌加以区隔。

如果外包装、品种名、副品牌不足以区分出高中低档，就应该发展多品牌，绝不能把低价产品混入溢价品牌中，身份象征型产品尤其如此。

品牌资产——品牌价值评估

品牌是一个企业的素质、信誉和形象的集中体现。与品牌有关的要素有企业名称、商标名称及注册、商标设计和包装设计等，在品牌评估中要把握品牌的特定内涵。

品牌作为市场性无形资产，对增加销售和市场占有率已经产生着深远的影响，著名品牌为企业创造大量的超额利润。品牌的特点决定了品牌价值评估并非是单纯商标的问题，需要从哲学高度考察品牌价值的内因根据、外因条件，考虑品牌价值的影响因素以及评估时的具体情况，既要进行定性分析，又要进行定量测算。

一、品牌价值的影响因素

品牌价值不在品牌本身，而在品牌之外。品牌价值的形成不是短期的、纯技术的，而是长期、艰巨的系统工程。品牌具有经济、信誉、产权、文化等多重价值，这些价值由多方面决定，主要影响因素有：产品质量、技术、管理、员工素质及技能、服务质量、形象和声誉、广告宣传、营销策略以及经营规模等。

1. 产品质量是品牌的生命

一个成功的品牌始终是依靠高质量的产品作为支撑。依靠质量才能建立起品牌的信誉，追求卓越，争创一流，品牌才能形成。名牌产品无一不是以优质赢得消费者的。

2. 技术及产品升级

技术创新是品牌创立和发展的基础，品牌产品中的科技含量在很大程度上决定着产品价值，进而影响着品牌价值。持续不断的技术创新、产品升级是知名品牌成长的基础特征。例如：最新的世界知名品牌价值排行榜中，前7位里有5个是高科技产品品牌，说明科学技术在品牌竞争中发挥着越来越重要的作用。

3. 管理水平

科学管理是品牌的保证，著名的品牌伴随着成功的企业，成功的企业无一不是科学管理的典范。严格的管理是开拓品牌、保持品牌、发展品牌的先决条件。

4. 员工素质及技能

员工素质及其设计、生产加工技能等均涉及创品牌能力。名牌的背后必然有高素质的员工队伍。

5. 产品保证和服务质量

提供产品保证和优质服务是争取消费者的有效手段，也是品牌产品的特征之一。完善周到的服务，可以增加产品的附加值，使消费者在满意、依赖的基础上形成惠顾行为和品牌忠诚心理，从而积累品牌的价值，树立品牌的形象。

6. 广告策划和宣传

树立品牌，广告宣传是重要条件。广告宣传可以迅速提高品牌的知名度，激发消费者的兴趣和购买欲望，加深消费者的品牌印象。过硬的产品质量配合有效的广告宣传，可促进品牌的名牌化过程。

7. 营销策略

良好的营销策略可以将视觉识别与行为识别、理念识别紧密结合，在消费者心目中形成一种特定的品牌形象，使企业知名度、产品知名度和品牌知名度共同成为企业发展的杠杆。

二、品牌价值评估的因素分析与评价

通过对品牌价值的内在根据的分析评价，对市场交易、经济环境、法律环境等外部条件的调查了解，总体上把握品牌的品质。具体内容包括：对品牌产品质量调查了解，知名度和美誉度评价，竞争力或坚挺度评价，品牌风险评价，经济效益分析，品牌形象价值和信誉价值分析等。

1. 品牌产品质量调查了解

了解品牌产品各项理化指标是否达到国家标准，是否通过权威机构认定，如政府、行业协会证明，通过 ISO9000 质量认证、ISO1400 环境管理体系认证。ISO9000 等质量认证书是进入国际市场的通行证，可将其作为质量的重要佐证。

2. 知名度、美誉度和忠诚度评价

知名度、美誉度和忠诚度是名牌最基本的特征，评估时应对品牌的知名度、美誉度、忠诚度评价。较高的品牌知名度是消费者购买行为的重要影响因素。美誉度，体现了公众对品牌的认同和偏好程度，是促使消费者购买产品的决定性因素。实践证明，成功的品牌是那些始终赢得消费者持久忠诚的品牌。

忠诚的消费者愿意为品牌支付较高的价格，需求的价格弹性较低，有利于抵御竞争者的价格竞争。品牌的忠诚度与品牌的获利性、吸引新的消费者及品牌延伸性均有关系。评估师可从资金投入、品牌特色和商标等级多方面对品牌的知名度加以评价；通过考察消费者过去的购买模式、将来的购买意愿、改变品牌的可能性等，评价品牌的美誉度、忠诚度。

3. 竞争力或坚挺度评价

品牌的竞争力从多方面表现出来，比如：高品质、高信誉、市场占有率高、有特色、价格公道、服务优质、企业形象好、效益好、法律保护措施得当、知识和技术含量高、有规模效益、员工素质高、资金雄厚、竞争障碍少、渠道通畅、生命周期长等。品牌产品要在国内外同行业中占有一定的份额，如果没有相当的市场份额，就表明缺乏市场竞争力，品牌的价值就要大打折扣。

4. 品牌风险评价

随着经济、社会、科技、文化的发展和变化，消费者的需求会不断更新，加之市场营销环境的复杂性、竞争者营销策略调整、技术进步、产品更新换代、替代品的出现、新品牌的推出等，均对品牌产生冲击。

创名牌、保名牌、发展名牌具有软件投资的长期性，不可能一劳永逸。此外，对假冒伪劣产品防范不力，选择合作伙伴不慎或管理不力，盲目扩张，制定的战略目标不切实际，产品定位不准，都可能导致品牌效应消失。很多品牌可能名噪一时，但能够长久维持领先地位的只有少数，因此必须重视品牌的持续保护能力。

5. 经济效益分析

品牌产品不仅要拥有广阔的市场和数量庞大的消费者，而且能为企业带来丰厚的利润。可以说，这既是品牌价值不可缺少的重要特征，也是企业创品牌的动力所在。通过对商品成本、单价、销售量、利润、发展品牌的有关费用，以往收益情况、来自品牌及其有关产品的赢利，企业财务状况、销售预测等分析，确定品牌创造的经济效益。

6. 品牌形象价值和信誉价值分析与评价

品牌价值具体体现为：使产品增值、品牌使用权转让收入、有形资产溢价、市场稳定占有、品牌产品领域拓展及许可经营权扩大。名牌产品市场占有率高，可以为企业带来高额销售收入，良好的声誉可降低营销成本，拥有名牌的企业容易取得外来资金、吸引更多高素质的员工、争取新闻媒体的报告，从而赢得社会舆论关注和政府支持。

7. 其他方面的了解

比如：品牌的法律保护情况、品牌具有的内容、品牌使用情况、预期寿命、宏观经济环境、企业的性质和经济管理、企业的历史、法律法规对品牌收益期及收益额的影响、企业行业状况及特定经济因素和竞争因素、企业目前的运行状况及未来前景等调查分析，都有利于全面把握品牌价值。

三、品牌价值评估方法选择和组合

品牌价值评估方法较多，合理选择评估方法至关重要。

首先，要明确评估目的，例如：协助制定企业购并决策、经营业绩评价、对外投资、使用权或所有权转让、进行筹资、股份制改造、协助开展品牌管理、合理配置企业资源、法律诉讼中的诉讼标的、征税等。

其次，要考虑所能收集的资料及途径，研究评估时所处的环境。例如：根据评估目的、所能取得的资料、评估环境以及其他具体条件等选择评估方法。主要方法有：收益法、免付使用费法、剩余价值法、成本法、预期可获价值法、市场法等。评估时通常要采用两种或两种以上方法，以便确定价值下限并加以印证。

1. 收益法

收益法是进行品牌价值评估的主要方法，从品牌所创造的收益内涵考察，可用以下指标进行测算：成本节约额、超额利润和超额现金流量。

从品牌覆盖的层次来看，可从三个层次对品牌价值加以评估。

（1）单一产品品牌溢价评估

这一层次的评估主要是以企业并购、品牌投资入股、许可转让为目的。评估时既要考虑品牌的绝对溢价，也要分析其相对溢价。可通过以下方法取得有关数据：比较无品牌时实际销售价格；比较有品牌时实际销售价格；比较有品牌与无品牌时消费者愿意支付价格的差额；比较具有相同物理功能的新产品价格与被评估品牌产品的价格。

（2）单一品牌价值评估

单一的品牌价值是在使用一种品牌的某一类产品中品牌创造的价值。单一品牌的价值评估通常是以筹集资金为目的，如借款、折算股份等。

（3）品牌总价值评估

这一层次上的评估是以资源配置为评估目的，如对于潜力大、附加值高的品牌要集中企业资源，重点扶持发展；或者以财务报告为评估目的，反映经营者业绩。

2. 免付使用费法

由于品牌所有者不需对品牌使用权支付使用费，因而可按免于支付使用费的金额对品牌价值进行评估，即按所有者占有的递增税后现金流量对品牌评估。这一方法的应用条件是销售收入预测准确、具有公允的使用费标准、业务收入稳定。

品牌使用费测算的最佳依据是品牌所有者曾经给予其他企业品牌许可使用权、其他考虑的因素还有：消费者对品牌产品的认识、同类产品品牌使用费、为使消费者对品牌了解而支出的广告宣传费、消费者对品牌的熟悉程度对销售的重要性、现时销售及预销售增长、该品牌是否可以即时使用等。

3. 剩余价值法

这一方法的应用条件是，不存在其他不可确指的无形资产或其他无形资产不重要，品牌成为企业仅有的或最重要的无形资产。

这一方法所提供的可能是一个区间数字，其准确性较差，因为在评估值中可能包含了其他不可确指的无形资产，还要妥善处理商誉价值与品牌价值之间的关系。必要时还需要确定企业商誉价值有多少是由品牌创造的，可采用趋势分析法、购买价格分配法、账面价值乘数法等技术加以测算。这种方法一般不单独使用，而是对其他方法的计算值加以印证。

4. 成本法

成本法是以品牌的投资成本、重置成本对品牌价值进行评估，可以再分为：历史成本法和重置成本法。

（1）历史成本法

包括：设计费、咨询费、法律费用、登记注册费、手续费、广告宣传费、人工成本、开发成本、侵权和诉讼费用等。这种方法主要用于确定品牌价值的下限，或者是因为不能合理预测未来品牌带来的收益、未来的收益额微不足道、对收入影响不大。

（2）重置成本法

重置成本法是品牌价值评估的重要方法，重置成本所包含的内容有：更改商标、品牌的直接成本，例如，企业改变原有商标、更换企业名称需要的资金投入，对外形象、设计等变更发生的成本；更改品牌相关的营销费用，例如增加的广告宣传费；更改品牌期间往往会减少的利润，这也是重置成本的构成部分。

5. 预期可获价值法

这一方法的应用条件是，所分析的未来资金投入及持续赢利的数据可靠、准确。品牌产品生产扩充、品牌延伸可以为企业创造价值。不同的品牌其可延伸性是不同的，有的品牌可延伸范围大，有的品牌可延伸范围十分有限，而且不适当的延伸有可能产生极其严重的不良后果。因此，对品牌延伸价值评估时，首先要从品牌的知名度、消费者的忠诚度、延伸的适当性、形象的一致性等方面对品牌延伸价值加以分析，再用定量方法加以计量。

6. 市场法

品牌价值评估市场法的应用步骤是：

（1）了解品牌或商标与使用该品牌或商标的产品、服务能否区分开；

（2）考察该品牌对于其他人是否有价值，是否意购买、租用；

（3）选择相似的品牌许可使用费交易实例；

（4）对品牌竞争力、品牌扩张潜力和销售额增长率、品牌预计剩余使用期、品牌风险等进行分析比较，确定许可使用费率和折现率；

（5）测算由于品牌带来的未来收益的净现值。

使用这一方法的关键是选择可比的参照物，确定品牌在同行业中的地位和竞争力，确定许可使用费率。

品牌资产——品牌融资能力

企业融资能力，指一个企业可能融通资金的水平，是持续获取长期优质资本的能力，也是企业快速发展的关键因素，能多渠道、低成本的从国内、国外融资的企业，才是真正的融资赢家。

一、企业需要选择最佳的融资机构

一般来说，要充分考虑以下两个方面。

（1）企业融资决策要有超前预见性，要能够及时掌握国内和国外利率、汇率等金融市场的各种信息，了解宏观经济形势、货币及财政政策，以及国内外政治环境等各种外部环境因素，合理分析和预测能够影响企业融资的各种有利和不利条件，以及可能的各种变化趋势，以便寻求最佳融资时机，果断决策。

（2）考虑具体的融资方式所具有的特点，并结合本企业自身的实际情况，适时制定出合理的融资决策。

二、选择的融资方式可以帮助企业提升竞争能力

企业竞争力的提高程度，根据企业融资方式、融资收益的不同而有很大差异。比如，股票融资，通常初次发行普通股并上市流通，不仅会给企业带来巨大的资金融通，还会大大提高企业的知名度和商誉，使企业的竞争力获得极大提高。因此，进行融资决策时，企业要选择最有利于提高竞争力的融

资方式。

三、企业需要寻找最佳的资本结构

中小企业融资时，必须要高度重视融资风险的控制，尽可能选择风险较小的融资方式。企业在进行融资决策时，应当在控制融资风险与谋求最大利益之间寻求一种均衡，即寻求企业的最佳资本结构。

品牌资产——市场再造能力

史玉柱曾说："当巨人一步步成长壮大的时候，我最喜欢看的是有关成功者的书，在巨人跌倒之后，我看的全是有关失败者的书，希望能从中寻找到爬起来的力量。"面对失败，史玉柱不断总结，不断完善，不断进步。正是这种永不屈服的精神，使他能够首先放弃安逸而平淡的仕途，又不满足于暂时的辉煌成就，接着又不甘于失败的低谷，最后还不驻足于失而复得的领地。

一、果断机敏、胆大有谋

1988 年，国内开始兴起第一波"下海"热，史玉柱也在这一年冲下海。研究生毕业后，史玉柱回到原单位，没几天就递交了辞职报告，然后借用朋友的 IBM 电脑，"闭关"半年写成文字处理软件——"M－6401 桌面排版印刷系统"。

有了电脑就有了展示产品的平台，但如何让市场知道自己的产品？史玉柱一下子想到了广告，可他付不起高昂的广告费用。于是，他铤而走险：以软件版权做抵押，在《计算机世界》上以先打广告后付款的方式，连续做了 3 期 1/4 版的广告。1989 年 8 月 2 日，史玉柱的第一个产品广告见报。

《计算机世界》给史玉柱的付款期限只有 15 天，如果不按期付款，"汉卡"软件的版权就旁落他人。可一直到广告见报后的第 12 天，史玉柱分文未进。眼看连"裤头儿"都要输掉，第 13 天上却出现了转机，史玉柱收到 3 张邮局汇款单，总金额 1.582 万元的这三张“绿条子”无异于三根救命稻草——史玉柱第一次豪赌成功。

走过这招险棋，史玉柱迎来经商路上的第一个拐点。1989 年 10 月，他的收入达到 100 万元，掘得“第一桶金”，成功跨过创业第一道门槛。史玉柱将 100 万元全部砸向广告宣传，M－6401 月销售额乘势攀升到了 500 万元。到 1990 年三月底，他已经挣到了 3000 万元。

1991 年，巨人公司成立。1991 年，“巨人汉卡”销售量一跃成为全国同类产品之首，公司获纯利 1000 多万元。在这期间，巨人集团又开发出中文手写电脑、巨人防病毒软件等多种产品。1992 年，巨人资本超过 1 亿元，史玉柱本人也被罩上各种各样的光环。市政府奖给他一辆奥迪轿车、一套 103 平方米的住房和 63 万元奖金。那一年，他 31 岁。

1993 年，巨人集团成为规模仅次于北京中关村四通集团的高科技企业。可谁都没有料到，正欲扬帆出海的史玉柱遭遇了一场突如其来的龙卷风。

当年，对社会主义阵营国家禁运高新器材和技术的巴黎统筹委员会解散，国外软件大举进军我国，抢走了“汉卡”的市场份额，也抢走了巨人其他软件产品的生存空间。

为了从 IT 困境突围，史玉柱把目光转向保健品，集团斥资 5 亿元开发出全新的产品——“脑黄金”。一旦选准新的目标，史玉柱强烈的广告营销意识再次显现。脑黄金一经推出，就在中央电视台、各省级卫视台，乃至乡镇一级有线电视台进行高调宣传，广告费用高达 1 亿元。史玉柱的广告铺天盖地、无孔不入、狂轰滥炸，首次让一款全新的保健品在 12 亿中国人中做到了家喻户晓。巨人集团不仅渡过了资金周转难关，1 亿元的广告也换回来近 10 亿元的收入。

二、冒险激进，走向危险

在我国经济过热发展的那个年代，史玉柱认定房地产投资一定能再大赚一笔。史玉柱将赌注压在了卖“楼花”上。1993 年，珠海西区别墅在香港卖出十多亿元的楼花，可到 1994 年史玉柱卖楼花的时候，我国宏观调控已经开始，对卖楼花开始限制，史玉柱使出浑身解数，也只卖掉了 1 亿多元楼花，一个恐怖的资金黑洞开始在他面前呈现。

1996 年，“巨人大厦”终因资金链断裂而停工，先期购买了巨人大厦的楼花者纷纷上门要求退款。同时，巨人集团的财务危机爆发，保健品业务一落千丈。巨人陷入困境。

三、诚信

巨人危机爆发后，史玉柱渐渐淡出了人们的视线，似乎已经销声匿迹。债主们对他的怨恨也慢慢变成一种无奈的抱怨。可是，2001 年 1 月 30 日，珠海一家名为“士安”的公司在《珠海特区报》上打出的一条公告再次让人们兴奋，这条名为“收购珠海巨人大厦楼花”的公告称，以现金方式收购珠海巨人集团在内地发售的巨人大厦楼花。收购方式有两种：一是以 100% 的价格收购，分两期支付，即现期支付 40%，2001 年年底再支付 60%；二是以 70% 的价格一次性收购，收购时间为 1 月 31 日—2 月 15 日。

士安公司为什么要这么做？后来人们才知道，珠海市士安有限公司的一切表演，都是史玉柱在幕后导演的。此举只有一个目的，就是给百姓还钱。当年，珠海巨人集团一共欠了香港和内地老百姓 2.5 亿元。因此，士安公司纯粹是为还债而诞生。

史玉柱主动还清了这笔本来可以逃避的债务，不管舆论如何，从客观上看，这次还债确实是一举两得：从道义上讲，他重新刷亮了自己的形象，实践了当初的诺言；从利益上来讲，此次还债使他和企业再次成为人们关注的焦点，用 1 亿元的付出换来了 10 亿元的广告效益。后来在央视《赢在中国》节目中，他就明确表示，要善于制造事件，让媒体主动来关注自己。

四、坚强勤奋，成熟稳健

死里逃生的史玉柱开始变得“胆小”，他不再轻易做无谓的冒险。虽然他新进入的行业依然有风险，但激进的史玉柱已经变得更加成熟稳健。

2001 年，史玉柱又做出了一个惊人的决定，把如日中天的脑白金卖给了老朋友中关村证券股份有限公司，拿到 3.43 亿元现金。2003 年，进一步卖掉了“脑白金”75% 的营销网络，获得 11.7 亿港币。接着，他又买下“华夏银行”和“民生银行”的一部分股份，掐指一算，市值已超过 22 亿元。他由一名热血实业家转变成一名冷静的投资者。

史玉柱的投资要求近乎苛刻，比如：投资回报率要超过15%，要能在一周时间内变现。之所以选择银行，是因为他认为银行商业模式既清晰又稳定。只要资金量足够大，利润就很高。而且，全国性的银行一般不会破产，犯错误的概率要小一些。

过去，史玉柱见到任何机会都不想放过。现在，他有个著名的投资原则，那就是：宁可错过一百个机会，绝不投错一个项目。2004年，他在上海成立了征途网络科技有限公司，把赌注下到了网络游戏，再次显示出独到的商业眼光。

2007年11月1日，史玉柱旗下的巨人网络集团有限公司成功登陆美国纽约证券交易所，总市值达到42亿美元，成为在美国发行规模最大的中国民营企业，史玉柱的身价突破500亿元。

2008年10月28日，史玉柱创办的巨人投资公司在北京人民大会堂宣布，正式开辟了第四战场——保健酒市场，世界第一款功能名酒——五粮液黄金酒。

10年前，巨人危机发生后，史玉柱承诺会还债，没人相信，结果，他还了。在他刚步入网游征途时，他跟员工说征途网络将来要上市，也没人相信，结果，他上市了。走在道德的边缘，史玉柱靠着强有力的市场再造能力，一次次在公众质疑的目光中获得成功。

后　记

从品牌到品牌力

一项发明，需要资本、人才、发明人的人格品牌作为支撑才能成为产品。

一款产品，要经过生产、渠道、包装、广告四个方面的努力才能成为真正意义上的商品。

一个品牌需要天时、地利、人和缺一不可的营造才能赢得竞争，崭露头角。

而品牌力，则需要天时、地利、人和、价值（道）、规范（法）、通变（自然）赢得内、外部及消费者的资源。

产品决定了能否生存，而营销模式决定了活得怎么样。如何在变中找到不变的价值，在不变中发现变化的机遇。

那些强大的帝国，都来自制度（体制）改革。如秦始皇与商鞅，齐桓公与管仲，甚至阶级革命，如日本的明治维新。企业品牌也是如此，每个阶段有每个阶段的瓶颈，需要在每个阶段运用不同的思维方式来设定制度，创新模式。一种不同的制度，一部不同的管理规章，造就不同的企业与品牌。因而就品牌力而言，这需要一个系统。

保持清醒，是衡量一个人身体健康的重要标准。清醒的头脑并不能带来科学的决策，因为信息不对称、信息盲区的存在使我们总处在某种犹豫的状态，其实这是系统的缺失，因为我们没有组织这个系统的架构，没有形成这个系统的制度，没有齐心协力的文化，没有如臂使指的管理，所以我们才需要优化和升级。

希望这本书，不能成为你品牌经营的金科玉律，也能对你初创品牌、升级品牌有所裨益。而你能运用你的智慧，能在“从品牌到品牌力”的运营模式下，帮你建立一个永续经营的品牌力体系，那也不枉笔者 20 年的经验积累、近 2 年的本书内容组织了。

作　者

2014 年 10 月